KB268120

5천만 원으로 시작해
100억
부자가 된 최성락의
투자 이야기

5천만 원으로 시작해

100억

부자가 된 최성락의

투자 이야기

최성락 지음

페이퍼로드
paperroad

이토록 단순한 투자법으로
100억 부자가 되었습니다만

나는 자산이 새로운 이정표를 찍을 때마다 책을 써왔다. 처음 외제차를 사고 소위 '좋은 집'에서 살게 됐을 때 『나는 자기계발서를 읽고 벤츠를 샀다』를 비롯해 2018년에 『나는 카지노에서 투자를 배웠다』, 2021년 순자산 50억이 된 후에 교수직을 그만두고 『50억 벌어 교수직도 던진 최성락 투자법』을 썼다. 이 책을 낼 당시 '다음에도 투자 책을 쓰려면 100억이 되어야 쓸 수 있을 텐데, 과연 쓸 수 있을까? 이게 마지막 책은 아닐까?' 하는 생각을 했다.

순자산이 50억에서 100억으로 늘어난다는 건 쉽게 상상할 수 없었다. 아, 물론 이전에 4억이 5년 사이에 20억이 되고, 20억이 3년 사이에 50억이 된 것도 상상하지 못했던 일이다. 비트코인과 주식, 부동산이 폭등하면서, 그러니까 운이 아주 좋아서 그렇게 된 건데 그렇다 하더라도 지나고보니 그런 거지, 미리 예상했던 일은 아니다. 보유한 주식 중 한두 종목 주가가 몇 년 사이에 2배로 증가하는 건 가능해도, 전 자산이 2배로 늘어나는 건 예측하기 힘들다. 그런데 그게 되었다! 2025년 가을, 상속 재산을 제외하고도 순자산 규모 100억이 되었다. 50억을 뚫고 단 4년 만이었다. 사실 나도 놀랐다. 이게 가능한 일이었구나.

그때부터 100억이 된 이야기를 책으로 쓸지, 말지 고민했다. 『나는 자기계발서를 읽고 벤츠를 샀다』는 자기계발이 중요하다는 주제로 썼다. 『나는 카지노에서 투자를 배웠다』는 카지노 베팅법과 투자법에 공통점이 있다는 것, 그리고 투자에서는 심리가 중요하다는 주제가 분명했다. 『50억 벌어 교수직도 던진 최성락 투자법』은 복잡한 투자 방법 없이 공급과 수요, 매출과 이익만 보는 투자법으로도 수익을 얻을 수 있다는 것, 그리고 직장을 그만두고 파이어족이 됐을 때 벌어진 일이 주 내용이었다. 그런데 지금은 투자법과 관련해 이전과 다른 특별한 주제가 없다. 지금 책을 쓰면 정말로 '나 돈 벌었어요'라는 말밖에 안 된다. 그런 책을 쓸 필요는 없는 것 같았다.

그러나 한편 50억을 벌고 나서 직장을 그만두고 파이어족이 된 후 더 이상 돈을 벌지 않고 쓰기만 하는데, 재정 상황이 어떻게 변해가고 있는지 궁금해하는 독자들이 간혹 있다. 내 주변 사람들은 내 형편을 거의 다 안다. 특히 친한 친구들은 내가 재산으로 뭘 가지고 있는지, 가지고 있는 부동산은 어디에 있는 무엇인지 안다. 그러니 굳이 말하지 않아도 어렴풋이 알고 있다. 비트코인이 얼마가 되었네, 미국 주가지수가 얼마가 되었네, 어디 부동산이 올랐네 등등의 내용이 뉴스로 자주 보도되니, 내 재산이 늘었다는 것을 저절로 알게 된다. 하지만 나를 잘 모르는 사람들은 내가 어떻게 됐는지 궁금해하곤 한다. 직장을 그만두고 파이어족이 됐는데 후회하고 있지 않을까? 그사이 모은 돈을 거의 다 잃고 경제적으로 어려워지지는 않았을까? 파이어족을 그만두고 다시 돈을 벌기 시작하지 않았을까? 등… 그러니 나의 재정 상태에 대한 이야기를 써도 될 것 같았다. 그런 걸 제쳐두고라도 자산이 20억, 50억이 될 때마다 책을 써왔는데, 100억이 됐으면 더욱 책을 써야 하지 않을까? '이런 방법으로 돈을 벌 수도 있다'고 사례를 제시할 수 있고, 스스로 하나의 과정을 마무리한다는 의미도 클 것이다.

자산이 50억에서 100억으로 늘어나기까지 투자법에 특별한 변화는 없었다. 20억에서 50억이 될 때의 투자법을 그대로 반복했을 뿐이다. 그래서 지금은 뭔가 새로운 투자법에 대해 말할 수 없다. 그런 이유로 이번 책에서는 내가 처음 투자를 시작했을 때부터 100억이될 때까지의 과정을 줄거리 식으로 이야기해보려고 한다. 그리고 나의 투자법에 대해 좀 더 자세히 풀어보려고 한다. 그러니 이 책은 1993년 대학생 때 처음 주식을 샀을 때부터 2025년까지 30여 년간 나의 투자 이야기가 될 것이다.

책에 실린 내용이 내 인생의 전부는 아니다. 나는 투자가 본업이 아니었고, 또 부자가 되는 게 인생의 최종 목표도 아니었다. 부자가 되는 것은 여러 버킷리스트 중 하나였을 뿐 내 인생의 궁극적인 꿈은 아니었다. 내게는 삶의 다른 측면도 많다. 일과 여행, 책, 가족, 친구와 주변 사람, 사랑 등 할 수 있는 이야기는 무궁무진하다. 하지만 이 책에서는 거두절미하고 투자로 본 내 삶만을 이야기할 것이다. 이 책을 읽고 '이게 저자의 인생 전부구나', '투자가 저자의 인생에서 가장 중요하구나' 하고 생각하지는 않았으면 좋겠다.

다음 책을 또 쓴다면 200억은 되어야 쓸 수 있을 것이다. 아니면 재산이 확 줄어든 이야기를 쓸 수도 있겠지. 아무튼 내 이야기는 수많은 투자법 중 하나의 사례다. 나의 투자 이야기가 투자에서 일어날 수 있는 하나의 사례로 투자에 관심 있는 독자들에게 도움이 되었으면 좋겠다.

2026년 2월

저자 최성락

✦ 차례 ✦

1장

경제적 독립을
꿈꾸다

나이 마흔이 되기 전에 오피스텔 2채, 상가 1채가 있으니
다른 사람들이 보기에는 돈이 있는 것처럼 보일 수도 있었
다. 그러나 이렇게 10년 가까이 수익형 부동산 투자를 하고
나서 얻은 나의 결론은 이렇다.
이런 식의 투자는 평생 해도 경제적 자유를 얻을 수 없다.

나의 소원은
경제적 독립

내게는 대학 시절부터 소원이 하나 있었다. 그건 바로 경제적 독립이었다. 여기서 말하는 '경제적 독립'이란 부모에게 돈을 받지 않고 스스로 돈을 벌어 생활할 수 있다는 의미가 아니다. 부모뿐만 아니라 다른 사람들로부터 돈을 받지 않고 혼자 살아갈 능력을 갖추었음을 말한다. 그러니까 직장에서 월급을 받지 않아도 살아갈 수 있는 능력 말이다.

직장을 갖지 않겠다고 생각한 것은 아니다. 단, 돈 때문에 직장을 다니는 건 바라지 않았다. 직장에서 문제가 생기거나, 직장이 싫어졌을 때 바로 그만두고 나올 수 있어야 했다. 하지만 경제적 독립이 되어 있지 않으면 그럴 수 없다. 싫어도 직장에 매달리고, 참고 버텨야 한다. 그러나 직장과 관계없이 먹고살 능력이 있으면 직장에 매달릴 필요가 없다. 내가 원하는 대로 살아갈 수 있다. 취직해서 월급을 받지 않아도 먹고살 수 있는 능력, 내가 바란 것은 그런 것이었다.

대학에 들어갈 때부터 경제적 독립을 바란 것은 아니다. 대학 1~2학년 때는 아무 생각이 없었다. 3~4학년 때부터 그런 소망이 생겼다. 그러나 경제적 독립이 내 인생의 궁극적인 목표이자 꿈은 아니었다. 내가 바라는 직업적 성공이나 꿈은 따로 있었다. 하지만 어떤 일을 하든 경제적 독립을 이뤘으면 했다. 회사나 조직에 기대지 않고 살아갈 수 있는 게 진정한 자유의 길이라고 생각했다.

언제든 회사를 그만둬도 먹고살아갈 수 있으려면 어떻게 해야 할까? 평생을 아무 걱정 없이 먹고살 수 있는 큰돈을 벌면 되지 않을까? 지금 생각하면 그게 답이다. 그런데 당시에는 큰돈을 벌면 된다는 생각은 못했다. 나는 경제학을 전공했다. 경제학은 굉장히 현실적이고 수치를 따지는 학문이다. 아무것도 없는 대학생이 앞으로 몇 십억, 몇 백억을 벌겠다는 건 현실적이지 않은 꿈일 뿐이었다.

내가 돈 버는 것을 인생의 목적으로 삼아 큰돈을 벌려고 했다면 사업을 하려고 했을 것이다. 그러나 나는 사업할 생각은 없었다. 대학을 졸업하고, 대학원도 졸업하고, 평생 직장생활을 하는 것. 그게 내가 바라던 길이었다. 그건 나뿐만 아니라 당시 많은 대학생들의 희망사항이기도 했다.

당시는 1997년 IMF 사태 전이었고, 괜찮은 직장을 가지면 정년까지 다닌다고 생각할 때였다. 고위직까지 오르면 정년 이전에 회사를 그만두고 나오기는 하지만, 대신 퇴직 후 일자리를 회사에서 챙겨줄 때였다. 대학을 졸업하고 직장을 가지면 평생 안정적으로 살 수 있었다. 하지만 큰돈은 못 번다. 회사 월급은 정해져 있었고, 대기업 이사나 CEO라 하더라도 지금처럼 큰돈을 받지 못하던 시절이다. 좋은 직장을 가지고 승진을 계속하면 잘살 수는 있었다. 하지만 회사에 다니지 않아도 먹고살 수 있을 정도로 큰돈을 버는 길은 상상할 수 없었다. 큰돈 벌기는 내 인생에서 바랄 수 있는 선택지가 아니었다. 큰돈은 없었지만 어쨌든 회사와 관계없이 먹고살 수 있는 능력은 가지고 싶었다. 그리하려면 언제 어디서든 통용되는 능력이 있어야 했다.

당시 나는 여행을 좋아했다. 나이가 들면 세계 여기저기를 돌아다니고 싶었다. 그리하려면 국내에서뿐만 아니라 세계 어디서든 돈을 벌 수 있는 능력이 있어야 했다. 여행 다니다 돈이 떨어지면 현지에서 돈을 벌고, 다시 여행을 다니다 돈이 떨어지면 또 돈을 벌 수 있어야 했다. 그럼 어떤 능력이 있어야 할까? 당시 내가 발견한 것은 두 가지였다.

하나는 스시 요리사였다. 1990년대 초반은 일본의 시대였다. 일본 경제가 세계를 지배하던 시기였고, 일본 문화가 전 세계에 퍼졌다. 스시 음식점도 세계 모든 나라에 다 생겼다. 스시 음식점은 어디에나 있지만 스시 요리사는 부족했다. 그러니 스시 요리사는 전 세계 어디서든 쉽게 직장을 구할 수 있었다.

하지만 스시 요리사는 금세 내 선택지에서 제외되었다. 요즘은 요리 학원에 몇 개월 다니면 스시를 만들 수 있다. 하지만 당시 스시 요리는 도제식으로 기술이 전수되었다. 제대로 된 스시 기술을 배우려면 스시 음식점에 취직해 선배 기술자에게 배워야 했다. 처음 1년간은 쌀을 구별하고 씻는 일만 한다. 2년째에는 쌀로 밥을 짓는 법을 배우고, 3년째에는 생선을 구별하는 법을 배운다. 4년째에 생선회 뜨는 법을 배우고, 5년째에 드디어 생선과 밥을 같이 쥐면서 스시 만들기를 배운다. 그러니까 스시 요리사가 되기 위해서는 5년이 걸렸다. 요리를 전혀 못하고 몸치인 내가 할 수 있을 리 없었다. 스시 요리사는 바로 포기했다.

세계 어디를 가도 먹고살 수 있는 또 다른 기술은 카지노 도박사였다. 카지노도 전 세계에 퍼져 있다. 카지노에서 돈을 벌 수 있다면 전 세계 어디를 가도 돈을 벌 수 있었다. 여행지에서 돈이 떨어지면 카지노에 가서 돈을 벌고, 그 돈으로 여행을 다니다 또 돈이 떨어지면 다시 카지노에 들러 돈을 벌고… 굉장히 멋져 보였다.

문제는 정말로 카지노에서 돈을 벌 수 있느냐, 없느냐였다. 보통은 카지노에서 돈 버는 건 불가능하다고 말한다. 하지만 카지노에서 돈을 버는 사람이 있긴 하다. 실제로 세상에는 '카지노 도박사'라는 직업이 존재한다. 카지노 게임에서 돈을 벌어 먹고사는 사람들인데, 세계적으로 1만 명이 넘는다고 한다. 카지노 도박사가 되면 먹고살 걱정 없이 전 세계를 돌아다닐 수 있었다.

카지노 도박사가 되어야겠다고 생각했다. 그런데 당시 한국에는 한국인이 들어갈 수 있는 카지노가 없었다. 강원랜드가 생기기 훨씬 전이었다. 나중에 카지노에 가리라 마음만 먹었다(강원랜드는 2000년에 개장했고, 나는 당시 박사 과정생이었다. 그때 나는 정말로 카지노 도박사를 꿈꾸며 카지노에 다녔다).

서울대생이 스시 요리사, 카지노 도박사를 생각했다는 건 좀 웃기기는 하다. 그러나 한 가지는 분명했다. 나는 경제적 독립을 바랐다. 회사에서 월급을 받지 않아도 살아갈 수 있는 능력, 고정된 직장 없이 전 세계를 돌아다니면서 살아갈 수 있는 능력을 원했다. 이게 내 인생의 유일한 꿈은 아니지만 이렇게 경제적으로 독립된 삶을 살고 싶었다.

요즘 가끔 사람들이 물어본다. 100억이 넘는 자산을 가질 수 있으리라고 옛날부터 생각했냐고, 예전부터 부자가 될 거라고 생각했냐고. "나는 젊었을 때부터 내가 부자가 될 거라는 걸 알고 있었다, 그렇게 믿었고 의심하지 않았다"고 말하면 좋은데, 그렇지가 않다. 나는 내가 부자가 될 거라는 생각은 못했다. 중산층보다 좀 더 잘살 수는 있겠지만, 부자가 될 정도로 큰돈을 벌 수 있을 거라는 예상은 못했다. 경제적 독립을 바라기는 했지만 그건 큰돈을 모아서 이룬 독립이 아니라, 언제 어디서든 돈을 벌 수 있다는 의미에서의 경제적 독립이었다.

하여튼 대학생 때부터 경제적 독립, 돈 벌기를 바란 것은 맞다. 이게 과연 가능할까, 할 수 있을까에 대해 많은 의구심을 갖기는 했지만 어쨌든 바라기는 했다. 이 소망대로 실제 월급 없이 살 수 있게 되어 직장을 그만두게 된 건 2021년이다. 처음 소망을 가지고 나서 실현될 때까지 무려 30년이 걸렸다.

잘 모르겠다. 30년 걸려서라도 어쨌든 원하던 소망을 이루었으니 행운이고 훌륭한 것인지, 아니면 30년이나 걸렸으니 답답하고 무능한 것인지. 어쨌든 몇 년 내에 경제적 독립을 이루고 자유롭게 살겠다는 사람을 보면 내가 할 수 있는 말은 이렇다.

"나는 30년이 걸렸다. 시행착오를 하지 않으면 좀 빨라질 수 있겠지. 만약 당신이 몇 년 안에 정말로 이걸 해내면, 30년이 걸린 나는 바보였다는 말이 되겠지."

대학생 용돈벌이였던
1990년대의 주식투자

1993년 9월, 만 24세 때 처음으로 주식을 샀다. 대학원에 적을 두고 있을 때였다. 당시 주식을 사게 된 건 뭔가 특별한 목적이 있어서는 아니었다. 나는 경제학 전공이었고, 경제학 전공자는 대부분 금융 쪽에서 일하기를 원한다. 나도 금융 쪽을 생각하고 있었고, 그래서 언젠가는 주식을 해야겠다고 쭉 생각하고 있었다. 대학생 때 아르바이트 등으로 모은 돈 400만 원이 있었고, 그 돈으로 주식을 샀다.

첫 주식투자는 성공적이었다. 당시는 한국의 주식시장을 외국에 점점 개방해나갈 때였다. 외국인들이 한국 주식을 보유할 수 있는 한도가 점점 늘어났고, 그때마다 외국인들이 선호하는 주식이 폭등했다. 대표적인 것이 한국이동통신(현재의 SK텔레콤)이었고, 또 저 PER주, 저 PBR주 등이 인기를 끌었다. 그전에 한국 주식은 같은 업계 종목의 주가들이 모두 한 방향으로 움직이고, 같은 업계면 주가도 모두 비슷했다. 가장 비싼 주식이 태광산업으로 4만 원대였고, 나머지는 대부분 1~2만 원 수준이었다.

하지만 외국인들이 한국 주식시장에 들어오면서 기업 간 가격 격차가 발생하기 시작했다. 외국인들이 선호하는 저 PER주, 저 PBR주 등 소위 우량기업들은 주가가 몇 십만 원대로 상승했다. 그래서 외국인들이 좋아하는 주식에 초점을 맞추면 괜찮은 수익을 얻을 수 있었다.

당시의 주식투자 풍경은 현재와는 많이 달랐다. 오전에 학교에 가면 주가가 얼마인지 내내 알 수 없었다. 오후에 석간신문이 나오는데, 이때 오전 주가가 얼마였는지 확인할 수 있었다. 그리고 저녁에 집에 와서 뉴스를 보면 그날 주요 종목의 종가를 알 수 있었다. 모든 주식의 종가는 이튿날 조간신문을 봐야 알 수 있는 시대였다. 증권회사 외부에서는 현재 주가가 얼마인지 몰랐다. 증권회사에서 종목별 주가가 적힌 전광판을 봐야 주가가 얼마인지, 어떤 추세인지 알 수 있었다. 전화로 주문하면 현재 주가 추세를 잘 모르기 때문에, 가능하면 직접 증권회사에 가서 전광판을 보면서 매매를 해야 했다.

주가 그래프를 보는 것도 쉽지 않았다. 주가 그래프는 증권회사에 비치된 컴퓨터를 통해 봐야 했다. 이후 인터넷이 보급되면서 증권회사 외의 장소에서도 그래프를 보면서 주가를 확인할 수 있게 되었다. 그렇게 증권회사 전광판을 보며 주식투자하던 시절에 처음

발을 들여놓은 후 약 7년 정도 주식투자를 했다. 나이 30세가 조금 넘었을 때 주식보다는 수익형 부동산을 모아야겠다고 마음먹게 됐는데, 그때까지는 주식투자를 계속했다. 7년 동안 꼬박 주식투자를 한 건 아니었다. 중간에 군대에서 복무한 2년 동안은 주식투자를 할 수 없었다. 더욱 중요한 것은 투자할 돈이 없다는 것이었다.

당시 정부 보유 기업인 한국통신(현 KT) 주식을 일반 국민에게 공모했다. 소위 국민주 공모였다. 나는 가진 돈 천만 원으로 한국통신 주식을 샀다. 원래 정부가 한국통신 주식을 국민들에게 팔 때는 몇 달 후에 바로 주식을 상장할 거라고 했다. 그런데 주식시장이 별로 좋지 않다는 등의 이유로 몇 년 동안 상장이 미뤄졌다. 가진 돈 전부를 들여 주식을 샀는데, 상장이 안 되니 다른 곳에 투자할 돈이 없었다. 자연스럽게 주식투자를 멈춰야 했다. 정부의 말을 믿고 투자했다가 박살 난 최초의 경험이 바로 이때였다. 군복무 기간과 한국통신에 모든 돈이 묶인 동안은 주식을 할 수 없었다. 그러니 당시 내가 주식투자를 한 실제 기간은 약 3~4년 정도라고 할 수 있다.

당시 나의 주식투자를 돌아보면 정말 보통 개미들의 투자 형태였다. 처음 주식시장에 들어오면 그런 일반적인 형태의 투자가 되는 것 같다. 우선 큰 상승을 버티지 못하고 몇 십 퍼센트 이익이 나면 주식을 팔았다. 가지고 있는 주식이 20~30% 올랐다. 그러면 주식을 계속 가지고 있어야 할까, 팔아서 수익을 실현해야 할까? 생각할 것도 없다. 빨리 팔아야 한다. 이렇게까지 올랐는데, 다시 떨어지면 어떻게 하지? 그러면 그동안 올린 수익이 모두 날아가버리는 게 아닌가? 이 주식은 앞으로 더 오를 수 있고, 원래 이보다 훨씬 더 오를 거라고 기대하고 샀던 게 아닌가? 그렇긴 하지만 그래도 다시 떨어질 수 있다. 빨리 팔아야 한다.

처음에는 50% 수익이 날 때까지 버틸 수 있었다. 하지만 점점 버틸 수 있는 수익률이 내려갔다. 20~30% 수익이 나면 팔고, 나중에는 10%만 올라도 팔아야겠다는 생각이 강해졌다. 이런 나의 행태에 불만은 없었다. 어쨌든 충분한 수익을 올리고 있으니 괜찮은 것 아닌가. 그러면 안 된다는 걸 깨달은 것은 한참 후였다.

첫째, 당시 나는 주식시장에서 돈은 벌었지만 재산은 늘지 않았다. 당시 절대적으로 큰돈은 아니지만 학생 수준에서는 꽤 큰돈을 벌었다. 나는 그 돈의 일부를 소비했다. 주식에서 얻은 수익금으로 당시 유행하던 프라이드 베타 중고차를 샀고, 여행비를 충당하곤 했다. 친구들에게 한턱을 내고, 여자 친구에게 선물을 해주거나 했다.

그런데 주식투자로 돈을 벌기도 하지만 잃기도 한다. 잃을 때는 그냥 손해고 누가 보전해주거나 하지 않는다. 돈을 벌 때는 다른 데 써버리고 잃을 때는 보전되지 않는다. 자연스럽게 시간이 흐르면서 총재산은 제자리거나 오히려 줄어들었다. 이런 주식투자는 그저 용돈 버는 게 목적이지, 재산을 늘리는 게임이 아니었다. 용돈 버는 투자와 재산을 늘리는 투자는 다른 것이었다. 이런 식으로는 아무리 주식에서 돈을 번다 해도 용돈 버는 수준을 벗어나기 어려웠다.

둘째, 당시 저 PER주, 실적 좋은 우량주 등을 중심으로 주식을 산 적이 있다. 그런 주식 중에는 롯데칠성, 한국이동통신(SK텔레콤) 등이 있었다. 롯데칠성은 7만 원에 샀는데 얼마 지나지 않아 10만 원에 팔았다. 50% 수익을 올린 성공적인 투자였다. 한국이동통신도 처음 10만 원대에서 60만 원으로 오를 때까지 중간에 사고팔곤 했다. 한국이동통신에서도 큰 수익이 났다. 성공적인 투자에 기분이 정말 좋았다.

그런데 이렇게 성공적인 투자를 하고 몇 년 후 두 주식의 가격을 확인해보았다. 롯데칠성은 100만 원이 넘었고 한국이동통신은 300만 원이 넘었다(이 주식들은 이후 액면분할을 하면서 액면가가 낮아졌다. 롯데칠성은 10분의 1, SK텔레콤은 100분의 1 가격이 되었다. 현재 SK텔레콤은 5만 원 수준인데, 액면분할하기 전 가격을 기준으로 하면 500만 원대다).

이걸 보고 나의 주식투자가 제대로 된 게 아니라는 걸 깨달았다. 앞에서 말한, 용돈 버는 투자와 재산을 늘리는 투자가 다르다는 것도 이걸 보고 알았다. 나는 큰돈을 벌 기회가 몇 번이나 있었다. 7만 원에 산 롯데칠성을 10만 원 선에서 팔지 않고 몇 년 동안 더 두고 있었다면 100만 원까지 올랐을 것이다. 당시 롯데칠성 주식을 500만 원어치 샀는데, 팔지 않고 계속 가지고 있었으면 1억 원 정도 되는 거였다. SK텔레콤도 마찬가지였다. 60만 원 정도일 때 엄청난 수익을 얻었다고 좋아하며 손을 털고 나왔는데, 그러지 않고 계속 가지고 있었다면 여기서도 5천만 원 이상의 거금을 손에 넣을 수 있었다.

1990년대는 요즘 물가와 완전히 달랐다. 당시는 초등학교 교사 월급이 한 달에 80만 원이었고, 대기업에 들어가면 연봉 1,800~2천만 원을 받곤 했다. 당시 1억 원은 정말 큰돈이었는데, 실제로 나는 1억을 벌 기회가 있었던 것이다.

몇 년 동안 성공적인 주식투자를 한 것 같은데, 가진 돈은 그대로였다. 이런 식으로는 주식투자로 경제적 자유를 얻는 건 어렵다는 것을 깨달았다. 다른 방법을 찾아야 했다.

『부자 아빠 가난한 아빠』와
사이토 히토리

1990년대 말, 세계적으로 히트 친 투자 관련 책이 있다. 『부자 아빠 가난한 아빠』이다. 『부자 아빠 가난한 아빠』는 한국에서도 대히트를 쳤다. 이 책은 처음 출간된 지 30년 가까이 지난 지금도 세계적으로 계속 팔리고 있다. 투자와 관련해, 그리고 부자가 되려는 사람들에게 필독서로서 엄청난 영향을 미치고 있다. 나도 당시 이 책을 읽었는데 이 책은 내게도 큰 영향을 주었다.

이 책에서 가장 강조하는 것 중 하나는 자산과 부채를 구분해야 한다는 점이다. 자산은 돈이 들어오게 하는 재산이고, 부채는 돈이 나가게 하는 재산이다. 자산이 늘어나면 부자가 되고, 부채가 늘어나면 부자가 되지 못한다. 집을 가지고 있으면 세금, 관리비 등으로 1년에 많은 돈이 나간다. 자산과 부채 중에 집은 부채다. 그런데 많은 사람들이 집을 자산이라고 착각한다. 이런 착각에 빠져 있으면 부자가 될 수 없다.

집이 자산이 될 수 있는 경우는 집에서 수익이 발생할 때다. 집을 임대해서 임대료가 나오면 그 집은 자산이다. 그러나 그 집에서 자신이 거주한다면 그때는 자산이 아니라 부채다. 집을 사서 가지고 있으면 오를 것이니 수익이 발생하는 것 아닐까? 그러나 '그냥 가지고 있으면 앞으로 오르겠지' 하고 생각하는 건 투자라기보다 도박에 가깝다. 진정한 투자가는 그런 요행을 바라지 않는다. 진정한 투자가는 집값이 오를 것이라는 막연한 기대감에 투자하지 않고, 매달 확실한 수익이 나오는 부동산에 투자한다. 주식도 마찬가지다. 배당금을 목적으로 주식을 매수하는 건 투자다. 하지만 주가가 오를 것이라 기대하고 주식을 사는 건 도박이다. 이런 주장을 펼친 로버트 기요사키는 월세가 나오는 수익형 부동산으로 더 이상 일하지 않아도 살 수 있는 부자가 되었다고 했다.

비슷한 시기에 나는 일본 부자 사이토 히토리의 책도 읽었다. 사이토 히토리는 보통 사람들도 충분히 즐기면서 잘사는 방법의 하나로 집을 사지 않으면 된다고 했다. 집은 거주를 위해 필요한 것이다. 그러니 그냥 월세로 살면 되지, 꼭 집을 살 필요는 없다는 것이다. 10억짜리 집을 산다면 몇 년 동안 돈을 쓰지 않고 저축해야 하고, 또 집 살 때 받은 대출을 갚기 위해 몇 십 년을 노력해야 한다. 젊은 시절을 집 사고 대출 갚는 데 다 써야 하는 것이다. 이건 인생의 낭비다.

집 사는 걸 포기하면 그 돈으로 평생을 누리며 살 수 있다. 또 집을 보유하지 않고 월세로 살면, 몇 년마다 원하는 지역으로 이사하면서 살아볼 수 있다. 평생 집에 매여 사는 것보다 훨씬 더 풍요로운 삶이 아닌가. 집을 사려고 하지 마라. 집 살 수 있는 돈이면 하고 싶은 것을 다 하면서 살 수 있다. 나는 『부자 아빠 가난한 아빠』, 그리고 사이토 히토리의 책을 읽고 투자 및 부동산과 관련해 두 가지 큰 방향을 잡았다.

하나는 수익형 부동산을 사자는 것이었다. 오피스텔, 상가 등 월세가 나오는 부동산을 사고, 수익형 부동산을 차근차근 늘려가자. 월세 60만 원이 나오는 오피스텔 5채를 구하면 월 300만 원이 나온다. 당시는 대졸 신입사원 연봉이 2천만 원 정도인 시절이었다. 오피스텔, 상가 5채만 구하면 평생 여유 있게 살 수 있었다.

다른 하나는 집을 사지 말자는 것이었다. 집은 그냥 월세로 살면 된다. 그리고 돈이 모이면 그 돈으로 수익형 부동산을 사자. 주식은 접기로 했다. 주식은 수익이 잘 나지도 않았다. 『부자 아빠 가난한 아빠』에 의하면 배당금이 잘 나오는 주식을 사야지, 사놓고 오르기를 기다리는 건 제대로 된 투자가 아니었다. 당시 한국에는 배당금이 잘 나오는 주식이 없었다. 배당금보다는 부동산 월세가 확실한 수입이었다. 그래서 집도, 주식도 사지 말고 돈이 있으면 수익형 부동산을 사려고 했다.

그래서 이 시기, 1990년대 말에서 2000년대 초반까지는 수익형 부동산에 초점을 두었다. 오피스텔, 상가를 모으려 했다. 알고보니 오피스텔, 상가를 구입하는 데 아주 큰돈이 드는 건 아니었다. 오피스텔 분양 계약을 하면 처음에 계약금 천만 원이 있으면 되었다. 그 후 오피스텔 건설 과정에서 중도금을 주기적으로 내야 하는데, 그 돈은 모두 대출이 되었다. 마지막에 오피스텔이 완공되어 입주할 때 잔금을 내야 했는데, 그때 돈이 좀 들었다.

계약금은 있는 돈 없는 돈 다 모아서 해결했다. 그리고 오피스텔이 완공될 때까지 대출을 받고 그동안 돈을 계속 모았다. 완공되어 입주할 때 필요한 잔금을 다 모아야 했다. 이런 제약이 없다면 돈을 흐지부지 써버릴 수 있었지만, 나중에 목돈을 내야 하니 어떻게든 돈을 모아야 했다. 강제 저축 효과였던 것이다. 절반 이상이 대출금이긴 하지만 어쨌든 오피스텔이 생겼다.

상가 투자도 했다. 커다란 상가는 아니고, 당시 유행했던 쇼핑몰 구분 상가 투자였다. 오피스텔과 비슷하게 1억 정도에 구입할 수 있었다. 일단 계약하여 지르고, 중도금은 대출을 받고, 그동안 잔금을 치르기 위해 돈을 모았다.

이렇게 수익형 부동산을 늘리려 했기 때문에 나는 결혼을 할 때도 아파트나 빌라 등을 장만하지 않았다. 대신 서울 강남에 오피스텔을 구했다. 집에서는 경기도에 있는 아파트를 구하는 게 어떠냐고 했지만 듣지 않았다. 나중에 임대해서 월세를 받을 수 있는 오피스텔을 샀다. 이것도 대부분은 대출이 걸려 있었다.

　이런 식으로 거의 10년을 보냈다. 그렇게 해서 나이 마흔이 되기 전에 오피스텔 2채, 상가 1채가 생기니 다른 사람들이 보기에는 돈이 있는 것처럼 보일 수도 있었다. 그러나 이렇게 10년 가까이 수익형 부동산 투자를 하고 나서 얻은 나의 결론은 이렇다.

　이런 식의 투자는 평생 해도 경제적 자유를 얻을 수 없다.

수익형 부동산에서
손을 떼다

수익형 부동산, 그러니까 월세가 나오는 부동산의 문제점은 무엇일까? 아주 기본적인 문제인데, 수익이 적다는 것이다. 1억 5천만 원짜리 오피스텔이 있다고 하자. 이걸 임대로 내주면 월 60만 원을 받을 수 있다. 오피스텔 1채에 월 60만 원이 나오면 오피스텔 5채면 월 300만 원이 된다.

그런데 문제가 있다. 오피스텔을 살 때 반 이상이 대출금이다. 1억 5천만 원짜리 오피스텔이면 7천만 원 정도 은행 대출이 있다. 대출 이자로 월 40만 원은 나간다. 그러면 순수익은 월 20만 원이다. 대출이 하나도 없으면 월 60만 원을 다 챙길 수 있다. 그런데 대출 없이 오피스텔 5채를 살 수 있다면 이미 부자다. 오피스텔을 사지 않아도 그 돈으로 그냥 잘살 수 있다. 부자가 아닌 일반인들은 대출을 끼고 살 수밖에 없는데, 오피스텔 1채당 실제 이익은 월 20만 원 정도였다.

하지만 실제로는 월 20만 원도 안 되었다. 우선 재산세가 있다. 오피스텔 재산세는 일반 주택보다 더 많다. 더 큰 문제는 세입자가 오래 살지 않는다는 점이다. 세입자는 길면 2년 이상 세 들기도 했지만, 대부분 1~2년 사이에 이사를 갔다. 아파트나 빌라는 임차인이 몇 년 동안 사는 경우도 흔하다. 하지만 오피스텔은 그렇지 않았다.

또 아파트는 이사 가면 바로 세입자가 새로 들어왔다. 하지만 오피스텔은 아니었다. 세입자가 나가고 빈집이 된 상태에서나 다음 세입자가 집을 보러 오곤 했다. 빠르면 보름 사이에 들어오지만 한두 달 공실인 경우도 많았다. 공실인 동안에는 월세가 안 들어오고, 관리비도 주인이 부담해야 한다. 임대가 된다 해도 부동산 소개료로 몇 십만 원이 나간다. 1년에 한 번 세입자가 바뀌면 1년 동안의 실질 수익은 0이었다. 그리고 두 달 동안 세입자가 없어도 1년 실질 수익은 0이었다.

그런 소소한 지출 없이 항상 세입자가 있다 해도 별로 달라지는 건 없었다. 대출이 있으면 한 달 실질 수익은 20만 원 정도인데, 이러면 오피스텔 15채가 있어야 월 300만 원이 나온다. 오피스텔 1채를 사기 위해서는 못해도 3년 정도 걸린다. 1년에 2천만 원씩 저축을 하면 3년이면 6천만 원, 그러면 대출을 끼고 1채 살 수 있다. 15채를 사려면 40년이 넘게 걸린다. 월 300만 원씩 수입을 얻어 경제적 자유를 얻으려면 40년 동안 이 짓을 해야 한다.

상가는 더 문제였다. 처음에는 월 60만 원씩 꼬박꼬박 월세가 들어왔다. 이것도 대출이 있어 실질 수익은 20만 원 정도였지만 어쨌든 처음 몇 년간은 이 정도 금액이 들어왔다. 하지만 몇 년이 지나자 월세는 20만 원 정도로 낮아졌다.

상가는 지역 상권이 잘 발달하고, 장사가 잘되야 월세가 유지된다. 그런 조건을 잘 갖추지 못하면 월세가 낮아진다. 대출 이자 40만 원을 내야 하는데, 월세가 20만 원이니 실제로는 손해였다. 내가 가진 상가는 서울 지하철 2호선 역과 연결되어 있었다. 인구도 많고 주요 도로 사거리 코너를 차지했기에 더할 나위 없이 좋은 위치였다. 하지만 소용없었다. 대출 이자보다 못한 월세 수입이었다.

이 상가는 2026년 현재까지도 골칫거리다. 코로나 사태 때 쇼핑몰이 완전히 망해서 그때부터는 월세 수입이 0이었다. 지금까지도 회복이 안 돼 이 상가에서 나오는 수익은 없다. 대출금은 이전에 다 갚아서 이자로 나가는 건 없지만 내 투자에서 가장 대표적인 실패 사례로 남았다. 어쨌든 이 상가로 인해 상가 투자가 어떤지는 확실히 알게 되었다. 상가는 몇몇 잘나가는 소수 지역에서만 성공적일 수 있고 대부분은 어렵다. 상가 투자는 부동산 투자에서 고수의 영역에 해당했다. 투자 경험이 없는 사람이 함부로 상가에 투자하면 실패할 가능성이 높았다.

2008년경, 나는 오피스텔 2채, 상가 1채를 보유하고 있었다. 오피스텔은 모두 서울 강남에 있었고, 상가도 지하철 2호선 역이 있는 사거리에 있었다. 시세로만 따지면 6억이 넘었다. 하지만 그건 허상이었다. 각각의 부동산마다 부채가 있었기에, 실질 자산은 3억이 조금 넘는 수준이었을 뿐이다. 결혼해서 맞벌이에 나이 마흔 정도 되는 사람의 자산으로는 많지도, 적지도 않은 수준이었다. 10년 가까이 수익형 부동산으로 돈을 벌려고 해봤지만 별 성과는 없었던 것이다.

수익형 부동산은 이렇게 수익이 낮다는 것 외에도 다른 문제들이 있었다. 일단 현금이 없다는 것이었다. 이전에는 항상 몇 백만 원에서 천만 원 정도의 돈이 있었고, 그 돈으로 주식을 사거나 했다. 하지만 이제 모든 돈이 부동산으로 들어가서 현금이 없었다. 월세 수입이 정해져 있으니 현금이 크게 불어날 가능성도 없었다. 현금이 없으니 생활이 나아진다는 느낌은 전혀 없었다.

또 부동산 투자는 항상 부채를 수반한다는 게 문제였다. 부동산 하나가 추가될 때마다 엄청난 규모의 부채가 추가된다. 마흔이 안 되는 나이에 3억 정도의 빚이 있었다. 매달 이자를 내야 하고, 부채 상환 기간을 항상 신경 써야 했다. 특별한 문제가 없으면 계속 부채가 연장되기는 했다. 하지만 경제 상황이 안 좋아지면 더 이상 부채 연장이 안 되니 원금을 갚으라고 은행에서 통지가 날아올 수 있다. 실제로 몇 번은 대출금 전부는 아니지만 몇 천만 원을 갚으라는 통지를 받기도 했다. 이렇게 부채가 많으니 항상 불안했다. 재산이 6억이 넘어서 좋다기보다 부채가 3억 가까이 된다는 부담이 더욱 컸다. 부동산이 늘어난다고 좋아할 수만은 없는 것이었다.

부채 없이 부동산을 소유할 수 있으면 아무 문제가 없다. 하지만 부채 없이 수익형 부동산을 늘릴 수 있다면 그건 이미 큰 부자다. 부채 없이 1억 5천짜리 오피스텔을 사려면 8년은 걸릴 것이다. 그런 오피스텔 몇 채를 가지려면 몇 십 년이 걸린다. 나이 70, 80이 넘어 부채 없이 오피스텔 서너 채를 가진다면 무슨 의미가 있겠는가? 수익형 부동산은 아니구나, 이런 식으로는 경제적 자유를 얻거나 부자가 되기는 힘들다는 생각에 이르렀다.

로버트 기요사키는 수익형 부동산으로 부자가 됐는데 왜 나는 그게 안 될까? 미국과 한국의 부동산 제도가 다른 게 주요 원인이었다. 미국은 부동산 가격의 90%까지 대출을 받을 수 있다. 나는 6천~7천만 원을 모으면 1억 5천짜리 오피스텔 한 채를 구입할 수 있었다. 여기서 얻을 수 있는 수익은 월 20만 원이다. 하지만 미국에서라면 그 돈으로 오피스텔 4채를 살 수 있고, 대출 이자를 좀 더 내야 하지만 월 80만 원의 수익이 가능해진다. 한국에서 월 100만 원의 임대료 수입을 얻을 정도가 되면 미국에서는 월 300만 원의 수익을 낼 수 있다. 미국의 대출 제도하에서는 열심히 발품을 팔아 임대가 잘되는 수익형 부동산을 계속 구입하면 한국보다 훨씬 일찍 경제적 독립이 가능하다.

다른 하나는 대출의 위험성이다. 대출이 많으면 경제 상황이 안 좋을 때 파산할 수 있다. 그런데 대출 상환과 관련해 한국과 미국의 제도가 다르다.

A 부동산을 담보로 설정해 돈을 빌렸는데 이자나 원금을 갚지 못하게 되었다고 하자. 미국에서는 담보로 잡힌 A 부동산의 소유권만 포기하면 대출 책임에서 완전히 벗어난다. 1억짜리 부동산을 담보로 9천만 원 대출을 받았다고 하자. 그런데 만약 1억짜리 부동산이 8천만 원으로 떨어지면 9천만 원의 빚을 갚기가 힘들어진다. 이때 소유자가 부동산을 포기하고 은행에 넘기면 빚 1,000만 원은 없어진다.

그런데 한국은 그렇지 않다. 담보 부동산을 넘기더라도 다 갚지 못한 빚은 끝까지 갚아야 한다. 위의 경우에 부동산을 8천만 원에 경매에 넘기더라도 아직 갚지 못한 1,000만 원은 어떻게든 갚아야 한다. 한국에서는 경기 침체 때 대출이 많으면 그야말로 인생이 망한다. 하지만 미국에서는 담보 받은 부동산만 포기하면 된다.

이런 경험을 하면서 수익형 부동산을 모아 경제적 자유를 얻겠다는 생각을 접었다. 한국에서는 부자가 수익형 부동산 임대료로 안정적인 생활을 할 수 있지, 보통 사람이 수익형 부동산에서 나오는 임대 수입으로 부자가 되는 건 아니었다.

수익형 부동산은 포기했다.

교수지만
마이너스 통장을 쓰다

내가 대학에 들어가고 그 후 2000년대 중반까지를 돌아보면 최소한 투자 측면에서는 특별한 게 없었다. 주식투자는 1993년도에 시작했지만 특별한 성과가 없었다. 돈을 잃지는 않은 것 같았지만 그렇다고 번 것도 없었다. 물론 몇 번 크게 성공한 적은 있다. 하지만 실패한 적도 있고, 무엇보다 당시 수준에서 크게 벌었다 해도 진짜 의미 있는 돈은 아니었다.

나는 1999년에 석사 학위를 받고 졸업한 후에 취업을 했다. 괜찮은 직장이었다. 당시는 IMF의 여파로 대기업 등은 여전히 신입사원을 모집하지 않을 때였다. 공공기관에서 처음으로 신입사원 모집을 했는데, 여기에 입사했다. 하지만 오래 근무하지는 않았다. 직장을 그만두고 박사 과정에 진학했다.

박사 과정에 들어갈 때 가장 문제가 된 것은 돈이었다. 학비를 델 수 있을까, 학교 다니면서 생활비를 어떻게 충당할까 하는 게 문제였다. 어쨌든 나는 직장생활을 했고, 거기서 번 돈과 그동안 모은 돈으로 1년은 버틸 수 있었다. 그리고 박사 과정 중 조교로 일하거나, 당시 BK21 등 대학원생 지원 프로그램이 있었는데 거기에 들어가면 어떻게든 될 것 같았다. BK21 프로그램에 들어갔고, 한 달에 몇십만 원씩 보조금이 들어왔다. 하지만 그것만으로는 생활비가 부족했다. 그래서 강원랜드 카지노에 다녔다. 한 달에 한 번 정도 카지노에 왔다 갔다 하면서 몇 십만 원 정도 용돈을 벌었다.

박사 과정 수료를 하면서는 수입이 늘어났다. 수료 이후에는 강의를 시작했고, 프로젝트에 참여하는 경우도 늘었다. 강의로 수업한 과목만 맡으면 수입이 얼마 안 되었다. 하지만 하루 6학점 수업을 맡으면 기본 생활은 할 수 있었다. 두 학교에 출강하면서 이틀 동안 12학점을 강의하면 보통 직장과 수입이 비슷했다. 그 이상 강의하면 수입이 많은 편이었다. 강의를 계속 맡을 수 있느냐의 문제지, 강의를 많이 할 수 있으면 충분한 수입을 올릴 수 있었다. 거기에다 나는 학교 연구소에 소속되어 받는 돈이 있었고, 프로젝트도 맡고 있었다. 당시 한 달에 300~400만 원 정도 벌었다. 30대 초중반의 나이, 학계에 몸담고 있다는 것을 고려하면 괜찮은 수입이었다.

박사 과정을 수료하고 결혼을 했다. 집은 앞에서 말한 것처럼 강남 오피스텔을 구했다. 이때는 수익형 부동산에 초점을 두고 있을 때여서 나중에 월세로 돌릴 수 있는 오피스텔을 샀다. 오피스텔을 구입한 비용의 절반 이상이 대출이었다. 그동안 번 돈, 그리고 아내가 모은 돈이 다 들어갔다. 결혼을 했다고 해서 집에서 도움을 받지는 못했다. 결혼 과정에 필요한 돈 2천만 원을 지원받았을 뿐이다. 집에서 도움을 받지 못했다고 섭섭하거나 한 건 없었다. 집안 사정상 도움을 받을 수 없다는 건 진작부터 알고 있었다.

2006년에 박사 학위를 받았다. 그리고 2007년에 전임 교수로 취업했다. 정규 직업을 갖게 되었지만 수입은 그대로였다. 교수가 되면서 외부 강의를 다 그만둬야 했기 때문에 수입 측면에서는 특별한 영향이 없었던 것이다. 단 이전의 시간강사 강의, 프로젝트는 다음 학기를 기약할 수 없는 임시적인 일이었지만 교수는 안정적이었기에 그런 면에서는 분명 도움이 되었다.

이때 자산은 오피스텔 2채, 상가 1채였다. 총자산은 7억 정도였는데, 부채가 3억이 넘었다. 그래서 순자산은 4억 정도였다. 모아둔 목돈은 없었고, 한 달 벌어 한 달 쓰는 생활이었다.

지금 돌이켜보면, 그때 금전적 여유가 없었다는 걸 가장 잘 말해주는 게 당시 학교 교직원회에서 대출을 받았다는 점이다. 학교 교직원회에서는 매달 교직원들에게 돈을 걷어 자금을 만들고 그 돈을 대여해주면서 수익 활동을 했다. 1인당 2천만 원까지 대출받을 수 있었는데 나는 2천만 원을 모두 빌렸다. 투자금으로 사용할 돈이 아니라 생활비에 보태기 위해서였다. 당시 나는 마이너스 통장을 계속 쓰고 있었는데 그게 한도에 달하면서 대출을 받았다.

     5천만 원으로 시작해 100억 부자가 된 최성락의 투자 이야기

교수는 굉장히 안정적인 직장이다. 한번 교수가 되면 65세까지 일할 수 있다. 중간에 아주 특별한 사건이 벌어지지 않는 한, 모두 정년까지 일한다. 미래가 아주 확실한 듯 보이는 직업이다. 그리고 평생 돈을 얼마 벌 수 있느냐도 확실히 알 수 있다. 10년 차, 20년 차 교수가 되었을 때 어느 정도 수입을 올리는지도 알 수 있다. 프로젝트 등을 얼마나 하느냐에 따라 조금 달라질 수 있지만, 연봉은 대부분 범위가 정해져 있다. 교수는 큰돈을 벌지 못한다. 큰돈을 벌고 싶은 사람은 처음부터 교수의 길을 가지 않는다.

2007~2008년은 그런 상태였다. 중산층으로 살 수는 있었지만 부자가 되기는 힘들었고, 이전부터 경제적 독립을 원하기는 했지만 더 이상 독립을 달성할 수 있는 길은 보이지 않는 시절이었다. 생활은 바빴다. 학교 강의와 행정 업무 외에 논문을 계속 썼고, 프로젝트도 계속했다. 1년에 5편 이상의 논문을 썼고, 프로젝트도 1년에 5개는 넘게 했다. 나름 바쁜 교수였다. 투자와 관련해서는 더 이상 하는 게 없었다. 오피스텔, 상가를 갖고 있기는 했지만 더 이상 수익형 부동산은 하지 말자고 마음먹고 있었고, 주식투자를 다시 하려 해도 목돈이 없었다. 생활비가 부족해 마이너스 통장을 쓰고 추가로 2천만 원을 대여받았는데 주식투자할 돈이 있겠는가. 그렇게 2000년대 중반을 보냈다.

2장

20억이 되다

그런데 1억이 되고 나면 달라진다. 돈을 어디에 쓸까보다는 어떻게 돈을 더 불릴까를 생각하게 된다. 주식을 할지, 부동산을 살지, 아니면 이자 많이 주는 금융상품에 넣을지 등을 고민한다. 소비자의 사고방식에서 투자자의 사고방식으로 바뀌는 것이다. 1억이 주는 가장 큰 의미는 그것이었다.

〈연애시대〉, 그리고
벤츠를 사자는 결심

나에게 인생 드라마라고 할 수 있는 게 세 편 있다. 이선균, 이지은 주연의 〈나의 아저씨〉, 미국 시트콤 〈프렌즈〉, 그리고 감우성, 손예진 주연의 〈연애시대〉다. 작품성도 좋고 재미있는 드라마는 이 외에도 많았다. 하지만 한 번 본 드라마를 이후에 몇 번씩 다시 본 것은 이 세 편뿐이다. 그중 〈연애시대〉는 인생 드라마를 넘어 내 인생을 바꾼 드라마다.

〈연애시대〉는 2006년에 방영되었다. 하지만 당시에 나는 이 드라마를 보지 못했다. 2007년경, 드라마가 끝난 지 1년 정도 지나서야 케이블 TV에서 우연히 마주치게 되었다. 그리고 이 드라마에 빠져 DVD를 구입해 계속 돌려보았다.

처음에는 주인공과 주요 조연들만 눈에 들어왔다. 그런데 몇 번 보다보니 단역들도 눈에 들어왔다. 〈연애시대〉의 여주인공 직업은 헬스 트레이너다. 그런데 드라마 초반부에서 조연배우 한 명이 운동과 관련해 상담을 받았다. 살이 많이 찐 사람이었는데 운동을 해서 몸을 만들고 싶어 했다. 이후 헬스장 장면이 나올 때마다 이 조연배우가 트레이너와 같이 운동하곤 했다. 그리고 드라마가 끝날 때쯤, 이 조연배우의 몸은 완전히 바뀌어 있었다. 살이 빠지고 튼튼한 몸으로 변한 것이다.

이런 몸의 변화가 인상 깊었다. PT를 받으면서 헬스장에 계속 다니면 정말로 저렇게 몸이 바뀔 수 있을까? 헬스장에 다녀보기로 했다. 그리고 트레이너에게 PT를 한번 받아보기로 했다. 트레이너가 제안한 방식대로 실천했다. 식단을 조절하지는 않았고, 근육운동을 하고 유산소운동을 규칙적으로 하는 방식이었다. 그런데 이렇게 트레이너의 조언을 따르면서 1년 사이에 10킬로그램이 빠졌다. 84킬로그램이었던 몸이 74킬로그램으로 줄어들었다.

그동안 운동을 어떻게 하면 살을 뺄 수 있는지 노하우를 수없이 많이 들었다. 하지만 그게 진짜 효과 있는 방식이라고는 생각하지 않았다. 그냥 돈을 벌기 위한 마케팅이겠지, 효과가 있더라도 의미 있는 변화는 아닐 거라고 여겼다. 또 트레이너들이 운동을 제안하는 것도 그냥 하는 거지 효과가 있을 거라고 생각하지 않았다. 하지만 그런 지침은 정말로 효과가 있는 것이었다.

헬스장에서 운동으로 살 빼기 효과를 크게 보고 난 후였다. 흔히 마주치는 격언들이 정말 효과 있는 명제일지 모른다는 생각을 하게 되었다. 그리고 여러 자기계발서에 나온 조언을 그대로 한번 실천해볼까 하는 생각이 스쳤다. 그동안 나는 자기계발서를 많이 읽어왔다. 하지만 자기계발서에서 말하는 것을 그대로 따라해보자는 생각을 해본 적은 없다. 자기계발서는 읽기 쉬워서 논문 같은 어려운 글을 읽다가 편하게 쉬면서 읽기에 좋았다. 그래서 많이 읽은 거지 이걸 읽고 자기계발을 하려는 건 아니었다. 나는 대학교수였다. 대학교수가 자기계발을 더 할 게 뭐가 있겠는가.

자기계발서들은 종류가 많긴 하지만 그 내용은 거의 동일하다. '목표를 구체적으로 세워라, 그 목표를 종이에 적어라, 이미지화해라, 실패해도 굴하지 말고 계속 추구하라' 등이다. 똑같은 내용을 이리저리 표현을 달리하고 다른 사례를 들면서 책을 쓰는 거였다. 이런 지침이 실제 효과가 있으리라고는 믿을 수 없었다. 하지만 나는 트레이너들의 지침을 따랐다가 10킬로그램을 빼는 데 성공하지 않았는가? 이참에 속는 셈 치고 자기계발서 내용대로 해보기로 했다.

자기계발서에 따르면 일단 목표를 세워야 했다. 목표를 무엇으로 세워야 할까? 교수로서 세계적인 석학이 되는 것? 최소한 한국에서라도 석학이 되는 것? 안 될 것 같았다. 100억대 부자가 되는 것? 그것도 가능할 리가 없었다. 아무리 꿈이라고는 하지만 그래도 달성 가능성이 조금이라도 있는 걸 목표로 내세워야 하지 않을까?

이런저런 생각 끝에 내가 목표로 정한 것은 '벤츠를 사자'였다. 석학, 100억대 부자만큼은 아니지만 벤츠를 타는 것도 사실 그 당시에는 불가능하다고 생각한 목표였다. 벤츠는 최소 6천만 원은 한다. 당시 내 연봉이 4,500만 원 정도였다. 자기 연봉보다 비싼 차를 탈 수는 없지 않은가? 당시 나는 1,500만 원대인 SM3를 타고 다녔다. 1,500만 원짜리 차를 타면서 벤츠를 사는 건 꿈꾸기 어려웠다.

하지만 어쨌든 자기계발서에서는 달성하기 어려워 보이는 목표를 세우라고 했다. 벤츠를 사자는 목표를 세우고, 이 목표를 적은 뒤, 벤츠 사진을 뽑아서 책상 위에 붙였다. 정말 바보 같은 짓이라고 생각했지만 그래도 그냥 해보았다. 2008년의 일이다.

1억 원짜리 수표를
지갑에 넣고 다녀보라고?

그래, 벤츠를 사자.

당시 벤츠 E 시리즈 가격은 6천만 원이 넘었다. 그런데 6천만 원을 모아서 그 돈을 모두 벤츠를 사는 데 써버릴 수 있을까? 그럴 수는 없을 것 같았다. 그런 사람들도 있다. 하지만 나는 성격적으로 그렇게 되지 않았다. 6천만 원을 쓰기 위해서는 그보다 돈이 좀 더 있어야 했다. 그래서 내가 목표로 삼은 금액은 1억 원이었다. 현금 1억 원이 생기면 벤츠를 사자.

1억 원을 모으기 위해서는 어떻게 해야 할까? 월급쟁이에게 다른 방법은 없었다. 버는 돈을 저축하는 수밖에. 그런데 기본적인 생활비는 써야 했다. 그걸 제외하면 저축할 수 있는 돈은 그리 많지 않았다. 따로 돈을 벌기 위한 활동을 했다. 나는 교수이고 연구직이었다. 연구 프로젝트를 많이 하면 가외 수입이 생긴다. 또 논문을 써서 제출하면 일정 비용을 주는 지원 프로그램도 있다. 자문회의 등에 참석하면 회의비 등이 나온다. 그렇게 가외 수입이 생기는 일을 많이 했다. 월급 외에 연 2천만 원 정도의 수입이 추가되었다.

얼마의 돈을 모으자고 작정하고 돈을 저축한 것은 내 삶에서 이 시기가 처음이자 마지막이었다. 이전에도, 이후에도 이때처럼 돈을 모으기 위해 생활을 희생하면서 저축하지는 않았다. 특별한 목적이 없으면 생활을 희생하면서 돈을 모으는 게 어렵다. 그런데 이때는 분명한 목적이 있었다.

1억 원을 모아서 벤츠를 사자고 마음먹은 건 2008년이었고 실제 1억이 만들어진 건 2011년이었다. 3년이 걸렸다. 1억 원이 만들어졌을 때 굉장히 기뻤다. 이를 기념하기 위해 돈을 1억 원짜리 수표로 바꿨다. 수표로 바꾸기도 쉽지 않았다. 나는 통장 한 개에 돈을 모으지 않았다. 적금통장, CMA 통장에 주식을 산 것도 있었다. 총액 1억이 된 다음에 적금통장을 해지하고, 주식도 모두 팔아서 한 통장에 모았다. 그리고 통장에서 1억 원짜리 수표를 출금했다.

이전에 한 자기계발서에서 1억 원짜리 수표를 지갑에 넣고 다녀보라는 글을 읽은 적이 있다. 일본 책이었기에 정확히 말하면 1,000만 엔짜리 수표였다. 지갑에 이렇게 큰돈을 넣고 다니면 돈에 대한 감각이 달라지고 행동도 뭔가 달라진다는 것이었다. 그래서 나도 한번 1억 원짜리 수표를 지갑에 넣고 다녀보고 싶었다. 벤츠를 살 돈이기에 다시 은행에 넣어야 하겠지만, 며칠만이라도 1억 원짜리 수표를 몸에 지니고 다녀보자고 마음먹은 것이다.

그런데 그러지 못했다. 지갑에 1억 원짜리 수표를 넣고 다니니 몹시 불안했다. 지갑을 잃어버리지 않을까, 누가 지갑을 훔쳐 가지 않을까 걱정이 끊이지 않았다. 계속 지갑이 주머니 속에 잘 있는지 더듬어보고, 지갑을 열어 수표가 제대로 있는지 확인했다. 길을 걸을 때 앞에서 다가오는 사람이 소매치기는 아닌지, 강도로 돌변해 칼을 들고 지갑을 내놓으라고 하지 않을지 두려웠다. 정말이다. 은행에 1억 원이 있는 것과 실제 1억 원을 들고 있는 건 완전히 다른 이야기였다.

돈은 사람의 의식과 행동을 변하게 한다. 적은 돈이라면 몰라도 큰돈은 분명 사람에게 큰 영향을 미친다. 나는 그 두려움을 이기지 못했다. 원래는 며칠간 지갑 속에 넣고 다니려 했는데, 결국 3시간 만에 수표를 은행에 도로 넣었다. 은행에 넣기 전에 앞면만 컬러 복사했다. 그 후 한참 동안 복사본을 지갑에 넣고 다녔다. 진짜 수표를 들고 다니는 건 무서웠지만 복사본은 아무렇지 않았다.

어쨌든 그렇게 1억 원이 만들어졌다. 투자하려고 만든 종잣돈이 아니었다. 벤츠를 사려고 모은 돈이었다. 그런데 막상 1억 원이 만들어지자, 새로운 고민이 시작되었다. 무려 3년 동안 모은 돈이다. 그 돈을 벤츠를 사는 데 다 써버려야 할까? 옛날에는 내가 부동산 말고 현금 몇 억을 가지고 있는 걸 상상할 수 없었다. 그런데 이제 1억 원을 가져보니 알겠다. 이런 식으로 계속하면 2억, 3억 원도 모을 수 있지 않을까? 지금처럼 하면 앞으로 현금 몇 억을 가질 수 있다는 게 보였다.

무엇보다 1억이면 제대로 투자를 할 수 있었다. 이전에 주식투자를 했을 때는 몇 백만 원으로 했다. 수익이 나기는 했지만 몇 백만 원에서 수익이 나봤자 몇 십만 원, 많아야 100만 원이 넘는 수준이었다. 하지만 1억으로 투자를 하면 다르다. 여기서 10% 수익이 나면 1,000만 원이다. 한 달에 100만 원도 생활 수준을 달라지게 하는 큰돈이다. 1억으로 벤츠를 사려고 써버릴 게 아니라, 이걸 기반으로 본격적인 투자를 하고 돈을 벌어야 할 게 아닌가?

이때의 경험으로 나는 1억 모으기가 정말 중요하다고 생각한다. 1억 자체가 중요한 게 아니다. 1억이라는 돈이 있으면 사고방식이 달라진다. 사람들은 돈이 있으면 그 돈을 어디에 쓸지 고민한다. 몇 십만 원이 생기면 맛있는 레스토랑에 갈까, 새 옷을 살까 생각하고, 몇 백만 원이 생기면 해외여행을 갈까 생각한다. 몇 천만 원이 생기면 차를 바꿀까, 해외에서 살아볼까 등을 생각한다. 즉 어디에 돈을 쓸까 하고 생각한다. 품목이 달라지지만 돈을 쓰려고 한다는 점에서는 동일하다. 소비자 입장에서 생각하는 것이다.

그런데 1억이 생기고 나면 달라진다. 돈을 어디에 쓸까보다는 어떻게 돈을 더 불릴까를 생각하게 된다. 주식을 할지, 부동산을 살지, 아니면 이자 많이 주는 금융상품에 넣을지 등을 고민한다. 소비자의 사고방식에서 투자자의 사고방식으로 바뀌는 것이다. 1억이 주는 가장 큰 의미는 그것이었다. 소비자로서만 살아온 사람이 투자자로 바뀌는 것. 그런 변화에 별다른 교육이나 배움이 필요한 것은 아니다. 다른 사람이 줘서가 아니라, 스스로 1억을 만들어보면 자연스레 사고방식이 달라진다. 그 고생해서 모은 돈을 아무 데나 쓸 수는 없지 않은가? 또 1억이라는 숫자가 주는 기쁨이 있다. 돈을 더 늘리려는 생각을 자연스럽게 하게 된다.

나는 고민을 많이 했다. 벤츠를 산다고 1억을 모았는데, 이 돈으로 정말 벤츠를 사야 할까? 벤츠는 없어도 되지 않을까? 이 돈이면 본격적으로 투자를 할 수 있다. 1억을 깨지 말고 투자를 본격적으로 시작해야 하지 않을까? 하지만 고민 끝에 벤츠를 사기로 했다. 나는 벤츠 사는 것을 목표로 돈을 모았다. 그러면 벤츠를 사는 게 맞는 것 같았다. 벤츠가 중요한 게 아니라, 목표를 달성한다는 게 중요한 것이었다. 지금 벤츠를 사지 않으면 앞으로 뭘 목표로 추구하더라도 다 유야무야될 것 같았다. 목표를 설정하고 그것을 위해 노력하고, 결국 달성하는 구조가 더 중요해 보였다.

이 이야기에는 반전이 있다. 벤츠를 사려고 자동차 전시관에 가서 아우디, BMW도 같이 보았다. 결국 벤츠가 아니라 아우디 A6를 사게 되었다. 차를 사느냐, 마느냐는 남자가 결정하더라도 어떤 차를 사느냐에 대한 결정권은 남자에게 있는 게 아니었다. 벤츠는 그로부터 한참 후에 샀다. 아무튼 6천만 원을 지출했다. 그리고 4천만 원이 남았다.

이 돈으로 투자를 시작하자. 다시 1억을 만들고, 본격적으로 투자를 시작해보자고 마음먹었다. 부동산으로는 크게 돈을 벌 수 없다. 주식투자를 다시 시작하자. 몇 년간 눈길을 주지 않았던, 아니, 투자금이 없어서 바라볼 수 없었던 주식을 다시 살펴보기 시작했다.

주식투자로
수익 내는 법을 고민하다

주식투자를 다시 시작했다. 그런데 어떻게 하면 주식으로 수익을 낼 수 있을까? 이전에도 주식투자를 했지만, 그때는 나만의 원칙이라는 게 없었고 그저 주변에서 좋다는 주식을 사두는 방식이었다. 하지만 본격적으로 투자를 하기 위해 어떻게 수익을 낼지 제대로 원칙을 정하고 싶었다. 주식투자 관련 책을 굉장히 많이 읽었다. 그리고 책에서 제시하는 방법을 일일이 적용해보았다.

가장 대표적인 방법은 차트 모양에 따라 사고파는 것이었다. 이동평균선이 교차할 때, 엘리어트 파동 이론(주가가 연속적인 파동에 의해 상승하고 다시 하락하면서 하나의 사이클을 형성한다고 주장한 이론)의 모습이 나타날 때, 오랫동안 제자리걸음하던 차트가 상승곡선을 그리기 시작할 때 등 차트 교과서에서 말하는 여러 상승 형태가 있다. 차트를 보면서 그에 맞는 형태가 나왔을 때 구입하는 방법을 써봤다. 매일 장이 끝나면 주식 사이트에서 모든 종목의 그래프를 확인해 모양 좋은 종목을 찾았다.

그러나 이 방법은 몇 달 후에 폐기했다. 그래프 모양은 정말 좋았는데, 그렇다고 주가가 정말 오르지는 않았다. 오르는 경우도 있었지만 내리는 경우도 있었다. 특히 전체적인 장이 좋으면 각 종목의 차트 모양이 좋아지고, 전체 장이 나쁘면 차트 모양이 나빠지곤 했다. 장이 나빠지면 그전에 아무리 모양이 좋은 차트였다 해도 금방 무너졌다. 이 방법은 성공률이 반반이었다. 차트 투자는 하지 않기로 했다.

저 PER주, 저 PBR주 등 저평가된 주식을 사는 방법도 이용해보았다. 전체 주식에서 PER이 낮은 주식, PBR이 낮은 주식을 골라내 그것들로 포트폴리오를 만들었다. 나중에는 ROE가 높은 것, 부채비율이 낮은 것 등 우량기업의 조건에 해당하는 지표들을 추가해 종목을 고르기도 했다. 1년에 두 번 이런 기준에 맞는 종목을 골라서 사고팔고 했다. 소위 말하는 시스템 투자였다. 모든 자금을 시스템 투자에 사용한 것은 아니다. 시스템 투자는 오랜 시간을 필요로 하는 장기투자 개념이었기 때문에 일부는 시스템 투자를 하고, 나머지는 다른 방법으로 투자해보았다.

이걸 몇 사이클 돌려보니 결과가 나왔다. 수익이 났다. 단기간은 손실이 날 수 있지만 장기적으로 분명 수익이 났다. 그런데 수익 규모가 연 7~10% 수준이었다. 이 정도면 충분한 수익이 아니냐고 할 사람도 있을 것이다. 펀드매니저 등에게는 분명 충분한 수익이다. 하지만 내 기준에는 적합하지 않았다. 나는 용돈을 벌려고 투자하는 게 아니라 제대로 돈을 벌려고 투자를 하는 것이었다. 내 수입, 내 자산 규모에서 연 10% 수익으로는 부자가 되기 힘들었다. 그 이상의 수익이 나와줘야 했다. 이 방법도 폐기했다.

공모주 투자도 시도했다. 좋은 공모주를 신청하면 10만 원에 산 주식이 금방 20, 30만 원이 되기도 한다. 2025년 현재는 공모주가 상장되면서 몇 배 뛰는 경우가 별로 없지만, 이전에 공모주는 몇 배의 수익을 올릴 수 있는 황금알이었던 적이 있다. 그런데 이것도 겉으로 보기에는 수익이 높았지만 실질 수익률은 낮았다. 10만 원에 산 것이 20만 원이 되면 수익률이 2배, 100%다. 하지만 10만 원 공모 주식을 받으려면 1,000만 원은 청약을 해야 했다. 두 배 올랐다고 하지만 전체적으로 보면 1,000만 원 투자해서 10만 원 번 것이다. 수익률이 1%다. 이걸 1년에 6번을 하면 수익률은 6% 정도인 셈이다. 이 수익률을 바라고 매번 청약하는 수고를 할 수는 없었다. 공모주 투자도 하지 않기로 했다.

전날 상한가를 치며 오른 종목을 따라 매수하는 방법도 시도했다. 전날 상한가나 상한가 가까이 오른 종목을 뽑아서, 그 종목들이 상한가가 된 이유를 찾아보았다. 그 이유가 적정해 보이면 그 종목들을 따라서 샀다. 그런데 그렇게 상한가 종목과 이유를 살펴보니 주식시장에 대해 실망만 늘었다. 어떻게 이런 걸로 상한가를 친단 말인가? 하는 의문이 생기고, 주식시장에 대한 환멸까지 생겼다. 정치 관련주가 뜨는데, 대선 후보와 같은 고등학교를 졸업한 사람이 임원으로 있는 회사라서 상한가란다. 대선 후보와 친한 친구가 임원으로 있는 회사라면 그래도 이해하겠다. 친구인지 아닌지도 모르고, 그냥 같은 학교 출신이라고 상한가를 친다. 이 무슨 말도 안 되는 일인가? 제약 회사가 신약을 개발한다고 기사가 나자 상한가를 친다. 그런데 그 회사가 그 신약을 만들고 있다는 건 이미 오래전부터 알려진 사실이다. 전혀 새롭지도, 신약 개발에 한 걸음 더 나아간 것도 아니다. 단지 그 시점에서 뉴스로 다시 언급되었다는 이유만으로 상한가를 친다.

사람들이 이런 정보를 찾고, 이에 따라 투자를 하고, 실제 주가가 상한가까지 오르는 한국 주식시장의 현상은 알겠다. 하지만 이런 일에 휘둘리는 건 바보 같았다. 이런 식의 투자는 하지 않기로 했다. 상한가 종목과 그 이유를 찾는 일은 곧 그만두었다.

옵션도 시도해보았다. 오를 것 같은 종목을 골라, 주식이 아니라 옵션을 구입했다. 주식이 조금만 올라도 옵션은 엄청 큰 수익을 올릴 수 있다. 조금 이익이 나기도 하고 손실이 나기도 하고, 왔다 갔다 하는 와중에 대박이 났다. 엔씨소프트 옵션을 샀는데 단기간에 주가가 50% 올랐다. 주가가 50% 오르면 옵션은 정말 대박을 쳐야 한다. 그런데 옵션도 50%만 올랐다. 옵션 만기가 가까운 상태라면 그럴 수도 있다. 하지만 아직 만기는 몇 달이 남아 있었다. 그런데도 주가가 50% 올랐는데 옵션도 50%밖에 오르지 않는, 말도 안 되는 일이 벌어졌다. 옵션 가격은 운용사의 LP가 변동성 등을 고려해 제시하는데, 그 적용값이 달라져서 그렇단다. 사실 나는 아직까지 당시 어떻게 그런 현상이 벌어졌는지 이해하지 못한다. 이후 옵션 업무를 하는 대학 동기에게 물어봤는데, 이 친구는 그럴 리가 없다고 말했다. 나도 그럴 리가 없다고 생각한다. 그런데 실제 그런 일이 벌어졌다. 그 일을 계기로 옵션에서 완전히 손을 뗐다. 옵션을 제공하는 회사, 옵션을 운영하는 LP를 전혀 믿을 수 없었다. 그 이후 지금까지 옵션은 쳐다보지도 않는다.

뉴스를 보고 미래를 예측해서 투자하는 방법도 시도해보았다. 유가가 낮아지고 있으면 유가 하락으로 이익을 얻는 회사를 골라 주식을 사놓는 방식이었다. 유가가 낮아지면 대한항공, 아시아나 같은 항공사가 이익을 얻을 것이다. 그러니 항공사 주식을 사놓으면 수익이 나지 않을까, 이런 방식으로 투자를 하니 수익이 발생했다. 조금 시간이 걸리고 종목에 따라 수익이 안 나는 경우도 있었지만, 그래도 전체적으로는 만족할 만한 수익이었다.

그런데 문제가 있었다. 그런 식으로 주가가 많이 오르면 기업에서 유상증자를 발표하는 경우가 많았다. 시장을 예측하고 주가가 아무리 오르면 뭐 하는가. 유상증자를 발표하면 폭락이다. 유상증자를 발표한 회사는 더 이상 믿을 수 없었다. 옵션도 유상증자도 그렇고, 한국 기업에 대한 믿음이 점차 약해지기 시작한 시간이었다.

이런저런 방법을 사용하면서 몇 년을 보냈다. 다행히 손실을 보지 않고 수익이 나긴 했다. 하지만 내가 원하는 수준은 아니었다. 문제는 그렇게 여러 방법을 시도해보았지만 어떻게 하면 주식시장에서 수익을 얻을 수 있는지 알 수 없다는 것이었다.

2018년 당시 내가 쓴 책에 주식과 관련해 이렇게 썼다.

> 이런저런 방법을 계속 사용해보았고, 아직까지 '이거다' 하는 방법은 찾지 못했다. '분명 오를 것이다'라는 확신을 얻는 방법을 아직 모르겠다. 그러나 어쨌든 이런저런 방법을 사용하면서 수익이 나기는 했다. 그동안 한 2억 5천만 원 정도의 이익이 주식시장에서 나왔다. 괜찮은 수익이기는 한데 가상화폐, 부동산에서만큼 큰 금액은 아니다. 하지만 그래도 가장 가능성 있는 투자 대상이 주식이라는 점은 분명한 것 같다. 주식은 계속해서 바라보며, 어떻게 해야 할지를 고민하면서 방법을 찾아나가게 될 것이다.

여기서 말한 대로, 이 시기에 나는 주식시장에서 여러 방법을 이용해보았다. 어쨌든 수익이 나긴 했지만, '이렇게 하면 수익을 올릴 수 있다'는 비법은 발견하지 못했다. 이 시기는 그렇게 투자 방법을 탐색하는 시간이었다.

여기서 한 가지 이야기해두자. 나는 이 무렵 해외주식투자도 시작했다. 2014~2015년경 한국에 해외주식 매매가 본격적으로 도입됐고, 나는 투자금의 일부로 미국 주식, 중국 주식을 사두었다. 당시에 해외주식투자를 소개하는 책들이 많이 나왔는데 모두 장기투자를 권유했다. 해외주식투자 관련 책에서 공통적으로 추천하는 종목 중 10개 정도를 사두었다. 이때쯤 해외주식은 연 10% 정도의 수익을 올리고 있었는데 이것은 5년, 10년을 바라보는 장기투자용이었기 때문에 구입 후에 계좌를 건드리지는 않았다. 실험용의 하나였고, 주축은 어디까지나 국내주식이었다.

롤러코스터처럼
급등락하는 비트코인,
너는 누구냐

2013년, 서점에서 새로 나온 책들을 훑어보다가 『NEXT MONEY 비트코인』이라는 책을 발견했다. 우리나라에서 최초로 출간된 비트코인 관련 책이었다. 비트코인이 세상에 나온 것은 2009년인데 4년이 흘러 한국에서도 이에 관한 책이 나온 것이다. 비트코인이라는 게 있다는 건 알고 있었다. 신문, 인터넷에서 가끔 비트코인에 관한 기사가 뜨곤 했다. 서점을 돌아다니다가 가벼운 마음으로 비트코인 책을 샀다.

책을 읽고 나서 비트코인을 투자 목적으로 사야겠다는 생각이 들었다. 가장 마음을 움직인 건 비트코인의 공급량이 2,100만 개로 고정되어 있다는 점이었다. 경제학에서 말하는 가격 결정 원리는 수요와 공급이다. 수요가 증가하면 가격이 오르고, 수요가 감소하면 가격이 내린다. 또 공급이 증가하면 가격이 내리고 공급이 감소하면 가격이 오른다. 투자자 입장에서 가장 좋은 것은 공급이 감소하면서 수요가 증가하는 것이다. 그런데 세상에 공급이 감소하는 상품은 없다. 가격이 오르면 사람들이 더 많이 생산하기 때문에 공급도 증가한다. 공급이 잘 안 되는 금, 석유, 다이아몬드 같은 원자재 등도 가격이 오르면 더 채굴해서 공급량이 늘어난다. 공급량이 감소하기는커녕 고정되어 있는 것도 없다. 그런데 비트코인은 공급량이 고정되어 있었다. 공급량이 고정된 상품은 정말 찾아보기 어렵다. 이럴 경우, 수요만 늘어나면 가격은 크게 오른다. 장기적으로 가지고 있으면 큰 수익이 날 수 있다고 생각했다.

비트코인은 분명 오를 것이었다. 그런데 얼마까지 오를 수 있을까? 비트코인은 화폐처럼 사용되는 것을 목적으로 했다. 한번 계산해보았다. 만약 한국에서 비트코인이 화폐로 사용된다면? 2013년 기준 한국의 GDP는 1조 달러 수준이었다. 비트코인이 화폐로 사용되면 이 1조 달러가 비트코인으로 환산될 수 있어야 한다. 1조 달러 나누기 비트코인 개수 2,100만 개는? 그 결과에 나도 놀랐다. 비트코인 1개에 5만 달러가 되어야 한국의 GDP 1조 달러를 커버할 수 있었다. 미국에서 비트코인을 화폐로 사용한다면? 당시 미국의 GDP는 21조 달러였다. 비트코인 1개 가격이 100만 달러가 됐을 때 미국의 GDP를 커버했다. 그런데 GDP는 1년 사이에 얻은 소득일 뿐이다. 자산 전체가 아니다. 자산까지 포함하면 이보다 훨씬 더 큰 금액이어야 했다. 비트코인 1개에 몇 십억이 될 수 있다는 걸 알게 되었다. 물론 한국이나 미국에서 비트코인이 화폐를 완전히 대체할 리는 없다. 비트코인이 화폐를 대체할 필요도 없다. 전 세계에서 5천만 명이 비트코인을 사용하면 한국에서 비트코인을 공식화한 것과 같은 효과이다. 그러면 최소한 5만 달러가 넘는다. 전 세계에서 3억 명이 비트코인을 사용하면 미국이 비트코인을 인정한 것과 마찬가지다. 그러면 비트코인은 10억 원이 된다. 비트코인을 사두어야겠다고 결심했다. 그런데 당시 한국에는 비트코인 거래소가 없었다. 비트코인을 가진 사람들끼리 알음알음 비트코인을 선물하고 구입할 때였다. 비트코인을 어디서, 어떻게 살 수 있는지 알 수 없었기에 비트코인에 대한 생각을 그냥 묻어두었다.

2014년, 드디어 한국에도 비트코인 거래소가 생겼다. 엑스코인 거래소였는데, 지금의 빗썸이다. 2014년 7월, 나는 비트코인 20개를 샀다. 10개씩 두 번 나누어 샀다. 평균 단가는 1개에 57만 원이었다. 당시 전체 투자금이 7천만 원 있었는데, 그걸 어떻게 투자할까 결정해야 할 때였다. 7천만 원 중 1,000만 원으로 비트코인을 샀다. 10년은 가지고 있자, 2024년이 지나면 분명 크게 오를 것이라는 생각이었다.

비트코인을 구입한 후 바로 이익이 났을까? 그렇지 않았다. 나는 비트코인을 1개당 57만 원에 구입했다. 그런데 곧바로 비트코인 가격이 폭락했다. 1개당 25만 원으로 내려갔고, 반토막이 났다. 내가 지금까지 비트코인을 가지고 있으면서 반토막 난 경우가 여섯 번인데, 이때가 첫 번째 반토막이었다. 사고 나서 1년도 안 된 시점이었다. 그럼 비트코인을 팔아야 한다고 생각했느냐면 그렇지는 않았다. 비트코인은 10년을 두고 있으려고 한 것이었다. 2024, 2025년이 승부처였다. 그때까지 계속 보유하고 있으리라 생각했고, 그래서 아무 생각 없이 그냥 두었다. 사실 이때는 빗썸 계좌를 거의 열어보지도 않았다. 몇 달에 한 번 사이트에 들어가 로그인을 하고, 비트코인이 잘 있는지 확인해보는 정도였다.

2017년 초, 비트코인은 100만 원이 되었다. 이후 계속 오르더니 가을에 600만 원이 넘었다. 사람들이 비트코인에 대해 열광하기 시작한 건 이때부터였다. 몇 개월 사이에 5배 이상 오르니 언론에 비트코인 관련 기사가 도배되기 시작했다. 많은 사람들이 비트코인과 이더리움 등에 투자하기 시작했다. 나는 그때까지는 평온을 유지했다. 하지만 비트코인이 1,000만 원을 넘어서자 상황이 달라지기 시작했다. 기쁘긴 했다. 비트코인이 1,000만 원이면 내 비트코인 자산은 2억이다. 평생 손에 쥔 적 없는 거금이 계좌에 찍혔다. 연봉 6천만 원 정도를 버는 사람이 2억이라는 돈을 벌었으니 안 좋을 리 없었다.

하지만 한편으론 몹시 힘들었다. 그 무렵 비트코인 시세는 널뛰기를 했다. 비트코인 1개 가격이 하루에 100만 원씩 올랐다가 내리는 일이 다반사였다. 100만 원이 오르면 내 자산은 2천만 원이 늘어나는 것이고, 100만 원이 내리면 2천만 원 내리는 것이었다. 내가 감당할 수 있는 돈이 아니었다. 비트코인이 1개에 2천만 원이 되면서는 하루에 500만 원이 왔다 갔다 하는 경우도 생겼고, 내 비트코인 자산은 하루에 1억이 왔다 갔다 했다. 그야말로 패닉이었다.

당시 마음속에서는 두 가지 생각이 서로 싸웠다.

그중 한 가지는 비트코인을 팔아야 한다는 생각이었다. 비트코인으로 나는 3억 넘게 벌었다. 이 정도면 충분하다. 팔아도 된다. 무엇보다 하루에 몇 천만 원이 움직이는 폭등, 폭락장에서 버티기 힘들었다. 너무 힘들어서 다른 생활이 제대로 되지 않았다. 비트코인을 팔고 비트코인에서 나와야 한다. 정 팔기 싫으면 일단 지금은 팔고, 나중에 가격이 떨어졌을 때 다시 사면 되지 않는가?

한편, 팔지 말아야 한다는 생각이 들기도 했다. 나는 10년을 내다보고 비트코인을 산 것이었다. 이제 겨우 3년이 지났을 뿐이다. 그런데 벌써 팔겠다고? 비트코인은 최소 1억은 넘을 텐데? 1억 넘게 오를 거라고 생각하면서 지금 2천만 원대에서 팔겠다고? 생각과 행동이 너무 다른 것 아닌가?

팔지 말아야 한다는 생각이 더 강하긴 했지만 그래도 버티질 못했다. 하루에 1억이 왔다 갔다 하는 경험을 몇 번 하고는 더 이상 안 되겠다 싶었다. 10개는 팔고 10개는 그대로 두었다. 비트코인 1개에 1,600만 원대에서 팔았다. 이 정도만으로도 마음의 평화가 찾아왔다. 비트코인은 계속 폭등과 폭락을 거듭하면서 2,400만 원까지 상승했는데, 10개를 팔고 난 후에는 큰 감정의 기복 없이 바라볼 수 있었다.

2018년, 비트코인은 폭락했다. 2천만 원이 넘던 것이 400만 원대까지 떨어졌다. 그러나 나는 이미 10개는 현금화했기 때문에 타격이 적었다. 그렇게 폭락했다 해도 2017년 1월 100만 원에 비하면 몇 배가 오른 금액이었다. 그리고 이때 나는 400만 원대에서 비트코인 10개를 다시 샀다. 그래서 처음 가지고 있던 20개라는 숫자를 맞췄다. 비트코인 20개는 그대로이고, 현금 1억 이상의 돈이 생겼다. 이 돈으로 주식을 더 샀다. 비트코인은 급등락을 계속하다가 1,000만 원 정도에서 안정화되었다. 2018년도에는 비트코인이 2억원 정도였고, 비트코인을 판 돈으로 주식을 더 사면서 2억 원 정도의 주식 자산이 만들어졌다.

금융자산 4억. 생전 처음 가져보는 액수의 자산이었다.

강남 아파트값은
계속 오른다

나는 그동안 투자와 돈에 관한 책 몇 권을 썼다. 순자산 20억, 50억이 될 때까지의 투자 과정 등을 쓰면서 어떻게 자산이 만들어졌는지 설명하곤 했다. 그때마다 항상 했던 이야기는 비트코인과 주식에 관한 것이었다. 부동산과 관련해서는 거의 이야기하지 않았다. 특히 어떻게 부동산을 사게 됐는지는 한마디도 하지 않았다.

그러나 사실, 내 자산에서 가장 큰 비중을 차지하는 건 부동산이다. 2018년 20억이 만들어졌을 때, 내 포트폴리오는 4억 정도의 금융자산과 16억 정도의 부동산으로 구성되었다. 부동산이 압도적으로 많았다. 2021년 50억이 만들어졌을 때는 금융자산이 20억, 부동산이 30억이었다. 금융자산 덕분에 직장을 그만두기는 했지만 여전히 부동산 비중이 더 컸다. 그리고 지금도 내 자산의 많은 부분은 부동산이 차지하고 있다. 금융자산 1, 부동산 자산 2의 비율이다. 그동안 주식, 비트코인 이야기를 주로 했지만 실제 내 자산의 대부분은 부동산이다. 부동산이 더욱 많고, 부동산으로 자산이 크게 늘었으면서 왜 그동안 부동산 이야기를 거의 하지 않았는가? 여기에는 두 가지 이유가 있다.

첫째, 내가 부동산으로 크게 자산이 늘게 된 건 맞는데 그것은 순전히 운 때문이었다. 주식은 왜 이 주식을 사게 됐는지, 왜 오를 거라고 생각했는지에 대한 근거나 이유가 있었다. 비트코인도 마찬가지다. 왜 비트코인이 오를 거라고 생각했는지 이유가 분명해 투자를 했다. 이런저런 이유로 가격이 오를 것이라 생각했고, 나중에 실제 가격이 올라서 이익을 보았다는 경험담은 다른 사람들에게 도움이 될 수 있다. 다른 사람들이 똑같은 이유로 주식이나 비트코인에 투자하지 않더라도, '이런 방법도 있구나' 하는 정도의 투자 사례가 될 수는 있다. 그런데 내가 부동산을 구입하게 된 건 부동산 가격이 상승할 것이라는 판단 때문이 아니었다. 물론 그런 판단이 다소 있기는 했다. 부동산에 대해 내가 확실히 믿고 있는 것은 단 한 가지다.

서울 강남은 계속 오른다.

서울의 다른 지역은 모르겠다. 지방 부동산 가격이 어떻게 될지도 모르겠다. 단, 서울 강남 부동산은 계속 오른다. 이 정도 믿음이 있으면 다른 종목이라면 분명 투자했을 것이다. 하지만 앞 장에서 이야기했듯 나는 부동산 투자는 하지 않기로 마음먹었다. 원래 집이나 아파트를 살 생각은 없었다. 수익형 부동산을 늘려가려고 했다. 하지만 수익형 부동산 투자를 몇 년 시도해보고는 그것으로 큰돈 벌기가 불가능하다고 판단했다. 이후 부동산은 생각지 않고, 주식시장 등 금융시장만 바라보았다. 강남 부동산은 오를 거라고 생각했지만, 부동산 가격 상승보다는 주식 상승이 가파를 것이라고 여겼기 때문에 부동산에 대한 미련은 없었다. 부동산에 관심이 없지만 부동산을 구입하게 된 건 어쩔 수 없는 이유 때문이었다. 그런데 그 부동산이 나중에 크게 올랐다. 부동산이 오를 것이니 사두고서 나중에 가격이 크게 올랐다면 그것은 투자에 성공한 것이다. 하지만 별 기대 없이, 어쩌다보니 사게 된 부동산이 크게 오른 거라면 투자 성공기라고 할 수 없다. 그야말로 운이다.

둘째, 부동산 이야기를 하려면 필연적으로 가족 이야기가 나와야 한다. 내 집안 사정에 대한 이야기를 해야 부동산을 어떻게 샀는지를 말하게 된다. 그런데 내 집안 이야기를 공개하기는 조금 조심스럽다. 물론 내 집안 이야기가 아무도 모르는 비밀은 아니다. 친지들도, 나의 중고등학교 친구들도 다 알고 있다. 그러나 그 후에 만난 사람들은 거의 알지 못한다. 어쨌든 집안 이야기를 하면서 내 투자 이야기를 할 수는 없었다. 그동안 내가 부동산 투자에 대해 다른 사람들에게 말하지 않은 가장 큰 이유다.

앞 장에서 이야기했듯이 나는 살 집을 구입할 필요가 없다고 생각했다. 월세로 살면 되고, 집을 살 자금이 있으면 그 돈으로 하고 싶은 걸 하거나 투자 자금으로 활용하면 된다고 생각했다. 나는 2011년에 고급 주상복합으로 이사했는데, 월세로 들어간 것이었다. 당시에 월세가 300만 원이었으니 비싼 액수이긴 했다. 그러나 서울에는 유명한 고급 주상복합이나 고급 아파트들이 많다. 월세로 살면서, 몇 년마다 유명한 주상복합 아파트를 번갈아가며 살아보자고 생각했다. 그랬는데 2017년, 강남 개포동의 주공아파트를 구입하게 되었다. 이 아파트는 어머니가 소유하고 살고 계신 아파트였다.

주변에서 가끔 물어본다. 나는 금수저, 은수저, 동수저, 흙수저 중 어디에 속하느냐고. 이런 질문을 받으면 뭐라고 대답해야 할지 참 곤란하다. 분명 금수저나 흙수저는 아니다. 그런데 은수저인지 동수저인지는 애매하다. 나의 아버지는 교수였고, 어머니는 교사였다. 지금은 맞벌이가 대세지만 예전에는 맞벌이가 드물었다. 혼자 벌어도 괜찮게 살 수 있는 시대였는데, 맞벌이면 굉장히 여유 있게 살 수 있었다. 한 사람의 벌이는 생활비로 쓰고, 다른 사람의 벌이는 잘 저축하면 나중에 집을 몇 채 살 수 있었다. 아버지와 어머니가 모두 제대로 된 직장을 가졌으니 나는 은수저 출신이라고 말할 수 있을 것이다. 아버지 어머니가 한 집에서 잘 살았다면 말이다.

내가 고등학교 때부터 문제가 생겼다. 그리고 내가 대학생 때, 부모님은 별거를 시작했다. 끝까지 이혼은 하지 않았다. 하지만 평생 별거였다. 원래 집은 서울 삼성동에 있었는데 어머니가 역삼동에 전세를 구해 나오게 되었다. 방 두 칸에 거실이 없는 다가구 주택이었고 전세 4천만 원이었다. 처음에는 완전 별거로 끝날 거라고 생각하지 않았기에 원래 살던 집 주변 동네에 집을 구한 것이었다. 당시 나도 삼성동 집을 나와 어머니와 같이 살게 되었다. 그런데 어머니가 1990년대 말 명예퇴임을 하면서 퇴직금과 연금을 받게 되었다. 연금으로 받는 금액을 최소한으로 하면서 퇴직금을 많이 받아 집을 사기로 했다. 그렇게 해서 2000년경 개포동 주공아파트를 1억 4,500만 원에 마련하여 살게 되었다.

나는 결혼하면서 집을 나왔고 어머니 혼자 주공아파트에서 계속 살았다. 그런데 2017년에 어머니가 아파트를 팔겠다고 했다. 당시 집값은 10억 원이었다. 어머니는 비싼 아파트에 살고 있는 것을 부담스러워했고, 무엇보다 현금이 필요했다. 어머니는 최소한의 연금으로 생활하고 있었다. 돈을 쓰고 싶은 데가 있는데 연금 말고는 돈이 없었다. 그래서 아파트를 팔려고 한 것이다.

아파트를 팔고 집값이 보다 싼 동네로 이사 가면 그 차액을 쓸 수 있었다. 하지만 당시 어머니 나이는 75세 정도였다. 그 나이에 다른 동네로 이사 가는 건 좀 곤란했다. 집값이 싼 곳으로 가려면 옆 동네로 이사 가는 정도로는 안 되었다. 몇 십 년 동안 살아온 강남을 떠나 경기도의 다른 도시로 가야 했다. 그동안 정든 동네에서 알고 지내던 이웃이 있는데, 아는 사람 하나 없는 곳에 가서 산다는 게 어머니의 연세에는 좀 힘들었다. 그래서 내가 그 아파트를 사기로 했다. 어머니가 그 집에 전세 사는 것으로 하고, 집의 대출금을 떠안았다.

나는 투자 중이던 주식을 팔고, 주변 사람으로부터 돈을 빌려서 어머니의 아파트를 샀다. 집을 소유할 필요는 없다고 그동안 계속 생각해왔는데, 이렇게 해서 아파트를 한 채 보유하게 되었다.

'희망 고문'이 '행운'으로, 강남 집값 폭등

강남 아파트값은 몇 년 동안 제자리걸음이었다. 개포동 주공아파트는 1980년대에 지어져 이미 40년 가까이 됐다. 아파트 단지 중 1~4단지는 5층짜리 저층이고, 5~7단지는 15층짜리 고층이었다. 5층짜리 저층 아파트들이 모두 재건축돼야 15층짜리 고층 아파트도 재건축이 진행될 것이었다. 그동안 1~4단지만 여전히 재건축한다는 이야기만 있었다.

재건축 이야기는 1990년대 말 어머니가 아파트를 살 때부터 들어왔던 말이다. 아파트 구입 당시 부동산에서는 5~7단지 고층 아파트 말고, 1~4단지 저층 아파트를 사라고 권했다. 1~4단지가 재건축될 테니 아파트 가격이 오를 것이라고. 그러나 어머니와 내가 원한 것은 당장 살 곳이었기 때문에 1~4단지는 염두에 두지 않았다. 그 후 10년이 훨씬 넘었지만 1~4단지가 재건축될 거라는 말은 그저

'희망 고문'에 지나지 않았다. 무엇보다 당시 나는 재건축, 재개발에 대해 아는 게 없었다. 오피스텔, 상가 등 수익형 부동산에만 관심을 가졌기 때문에, 아파트가 재건축될 때 어떤 과정을 거치는지, 어느 정도 이익이 나는지 아는 게 없었다. 이 아파트를 산 이유도 단순했다. 어머니가 다른 동네로 이사 가지 않고 그 집에서 계속 살게 하기 위한 것뿐이었다.

그랬는데 아파트값이 꿈틀하기 시작했다. 2017년, 문재인 정부가 들어서고 얼마 후에 부동산에 대해 강력한 규제가 이루어졌다. 1가구 다주택자들에 대한 규제를 시작하고 세금을 올렸다. 집은 이미 충분히 있고, 집값이 비싼 건 투기 세력 때문이라는 신념을 내세우며 규제를 강화한 것이다.

그런데 그 결과는? 부동산값이 올랐다. 특히 서울 강남 집값이 폭등했다. 당시 신축 아파트인 도곡동 래미안 아파트는 연일 신고가를 갱신하며 언론의 주요 관심사가 되었다. 그런데 이런 신축 아파트만 가격이 오른 것이 아니었다. 주변 지역의 아파트 모두 폭등했다.

내가 2017년 10억 원에 어머니에게서 구입한 개포동 주공아파트는 그전까지 몇 년 동안 계속 10억 원 정도였다. 그러던 것이 부동산 정책이 강화되면서 본격적으로 오르기 시작했다. 2018년에는 16억 원이 되었다. 단 1년 만에 60%가 오른 것이다. 운이 좋았다고밖에 달리 생각할 수 없다. 정부가 강력한 부동산 규제 정책을 내놓으리라는 것도, 그렇게 강력한 규제책을 계속 내놓는데 오히려 부동산값이 그토록 폭등할 거라는 것도 예상할 수 없었다. 무엇보다 강남이긴 하지만 40년 된 아파트가 16억까지 오를 거라는 건 상상할 수도 없었다.

어쨌든 기존에 있던 오피스텔 등에 아파트까지 더해 부동산 총자산이 22억이 넘었다. 그중에서 전세금, 대출 부채 등을 제외하면 순부동산 자산은 16억이 되었다. 원래 수익형 부동산에만 관심 있었지 다른 부동산은 아예 생각지 않았는데, 아이러니고 운이라고 말할 수밖에 없다.

2018년, 이렇게 해서 순자산 20억이 되었다. 부동산 16억, 금융자산 4억이었다. 금융자산은 주식 2억, 비트코인 2억이었다. 부동산으로는 강남 아파트 1채, 오피스텔 2채, 상가 등이 있었다. 2008년경 분명 순자산 3~4억 정도였는데, 10년 사이에 몇 배가 늘었다. 나로서는 굉장히 특별한 경험이었다. 그래서 이 시기에 『나는 카지노에서 투자를 배웠다』라는 책을 쓰게 되었다.

3장

50억이 되어
교수직을 그만두다

아무튼 내 부동산 총액은 40억이 되었다. 하지만 부채를 제외한 순자산은 30억이었다. 금융자산으로는 비트코인 10억, 미국 주식 10억이 있었다. 이렇게 해서 총 50억의 자산이 만들어졌다. 이 정도 자산이면, 특히 금융자산이 이 정도면 직장을 그만두어도 된다고 생각했다. 그래서 나는 2021년 여름, 교수직을 그만두었다.

매출과 이익이
연 20% 오르는 종목을 산다

2014~2015년에 해외주식을 구입했다. 해외주식은 단타나 스윙 거래보다는 몇 년을 내다본 장기투자였다. 사놓고 그냥 두었다. 2018년 후반, 해외주식을 사둔 지 4년 정도 지났고 그동안의 실적을 확인할 때가 되었다. 해외주식을 처음 구입할 당시, 책에서 강력히 추천하는 종목을 샀다. 책 한 권이 아니라 여러 권에서 공통적으로 추천하는 종목을 골라 포트폴리오를 만든 것이다. 그런데 몇 년이 흘러 실적을 확인하니 결과는 다양했다. 크게 오른 종목도 있었고, 오르긴 했지만 만족할 만한 수익이 아닌 것도 있었다. 제자리걸음인 것도 있었고, 오히려 주가가 떨어진 것도 있었다. 전체적으로 보면 많이 올랐다. 단타, 스윙 거래를 해온 한국 주식보다 수익률이 더 좋았다.

어쨌든 당시 모든 해외주식투자 책에서 추천한 종목의 실제 실적을 살펴보는 과정에서 한 가지는 분명 알 수 있었다. 소위 전문가들이 앞으로 반드시 오를 거라고 추천하는 종목은 믿을 수 없었다. 장기적으로 오를 거라고 전문가들이 아무리 추천하는 우량주라 해도 실제 실적은 달랐다. 한 가지 예를 들면, 당시 보유한 종목 중에 중국 주식 강사부가 있었다. 강사부는 식품업계의 대기업이고, 특히 라면에서 절대적 지위를 차지하고 있었다. 2014~2015년 당시에는 모든 해외주식 책에서 강력히 추천하던 종목이었다. 중국인들의 생활 수준이 높아질수록 그 혜택을 가장 많이 받을 수밖에 없는 종목이라는 것이 이유였다. 그런데 강사부 주식은 몇 년 동안 주가가 내려갔다.

재미있는 건 2018년경 발행되는 해외주식 책에서는 누구도 강사부를 추천하지 않았다는 점이다. 강사부는 여전히 중국을 대상으로 하는 식품 기업이었고 라면이 유명했으며, 중국인의 생활 수준이 높아지면 혜택을 가장 많이 받는다는 면에서 이전과 동일했다. 그러나 강사부는 완전히 관심 밖이 되었다. 전문가들의 추천주도, 그 추천 이유도 믿으면 안 되는 것이었다. 주가가 오를 거라는 근거가 아무리 그럴듯해도 주가는 그런 것과 별 상관없이 움직였다.

그러나 어쨌든 크게 오른 종목도 있었다. 4년 동안 2배 이상 크게 오른 종목도 심심치 않게 눈에 띄었다. 그 주식들을 자세히 살펴보니 그렇게 오른 종목들의 공통점이 보였다. '매출과 이익이 해마다 계속 크게 오르는 기업'이었다. 이를 확인하고 강사부 기업을 다시 보니, 동일한 기간에 매출과 이익이 모두 꺾였다. 매출과 이익이 감소하니 주가가 떨어질 수밖에 없었던 것이다. 이를 확인하고 나서 주가를 결정하는 것은 매출과 이익이라는 점을 실감했다.

매출과 이익이 중요하다는 것은 사실 특별한 이야기가 아니다. 상식이다. 그러나 그때까지 나는 매출과 이익을 보고 주식투자를 하지 않았다. 매출과 이익이 증가하면 주가가 오른다는 것은 너무나 당연한 이야기인데, 왜 그토록 오랫동안 주식투자를 하면서도 이 추세를 살펴보지 않았던 것일까? 이를 알고 나서 주식투자의 새로운 기준을 정했다. 매출과 이익이 계속 오르는 기업의 주식을 사자. 시간이 지나면 충분한 수익이 날 수 있다. 어느 정도의 시간이 지나면 될까? 나는 2014년경 처음 해외주식을 샀다. 처음 1~2년 동안에는 수익이 나지 않았다. 지금은 충분한 수익이 나지만, 초기에는 수익이 거의 없고 오히려 마이너스였다. 1~2년 가지고는 안 된다. 이번 경험을 보니 4년은 기다려야 했다. 목표 기간을 4년으로 정했다. 그리고 이번에 매출과 이익이 계속 올라 주가가 크게 오른 종목을 보니 매출과 이익이 연 20% 정도는 오른 기업들이었다. 연 20% 정도 오르면 4년이면 2배가 될 수 있었다. 여기서 나의 주식투자 원칙 하나가 만들어졌다.

매출과 이익이 연 20% 정도 오르는 기업의 주식을 사자. 그러면 4년 정도 지나면 충분한 수익이 날 수 있다. 그리고 이 원칙에 따라 새롭게 포트폴리오를 만들었다. 2014~2015년에 구입한 종목들 중

실적이 별로였던 기업, 매출과 이익이 별로 오르지 않은 종목은 제외했다. 그리고 해외주식과 관련해 누가 추천하지는 않지만 그래도 매출과 이익이 연 20% 정도 몇 년 동안 계속 오르는 기업을 찾아서 포트폴리오에 포함했다. 이것은 미국 주식, 중국 주식에만 해당되는 게 아니었다. 국내주식 중에서도 그런 종목을 찾아서 포트폴리오에 포함했다. 모든 투자를 이 방법 하나로 올인한 건 아니다. 기존의 국내주식으로 몇 주, 몇 달을 지켜보고 사고파는 일은 계속하고 있었다. 장기투자에 배분된 자금만 매출과 이익이 연 20% 정도 오르는 종목을 사는 데 사용한 것이다.

결국 내가 주식으로 큰돈을 번 건 이 방법이었다. '매출과 이익이 연 20% 오르는 기업의 주식을 산다'는 원칙 말이다. 2014, 2015년과 2018년에 구입한 종목 중에는 넷플릭스, 엔비디아, 귀주모태주 등이 있었다. 이 종목들이 10배 이상 오르는 텐베거들이 되었다. 아무튼 나는 이 무렵에야 '이런 식으로 투자하면 돈을 벌 수 있구나'라는 걸 처음 느꼈다. 이전까지는 확신할 수 있는 주식투자법 같은 게 없었다. 주식투자로 돈을 벌어왔으면서도 그런 원칙은 알지 못했다. 계속 이럴까, 저럴까 고민만 한 것이다. 주식투자를 시작한 지 25년 만에 알게 된 투자 방법이었다.

중국 시장에서
손을 떼다

2014~2015년에 해외주식을 살 때 그 대상은 미국 주식과 중국 주식이었다. 전체 자금 중 국내주식과 해외주식 비율을 50 대 50으로 나누고, 해외주식을 미국 주식 50%, 중국 주식 50%로 배분했다. 처음 1~2년은 수익률이 좋지 않았다. 하지만 시간이 지나면서 해외주식에서 충분한 수익이 나기 시작했다. 수익률이 더 높았던 것은 중국 주식이었다.

당시 내가 가지고 있던 대표적인 중국 기업이 마오타이주로 유명한 귀주모태주, 그리고 면세점 사업을 하는 중국국제여행사 등이었다. 특히 귀주모태주는 구입한 가격보다 10배 이상 올라서 텐베거가 되었다. 그러나 2020년경부터 중국 주식시장에서 손을 떼기 시작했다. 그 이유는 두 가지였다.

첫째, 전체적으로 중국 기업의 실적이 매우 안 좋아졌다. 2018년경 매출과 이익이 연 20% 정도 오르는 기업 주식을 산다는 원칙을 정하고 중국 기업을 살펴보았을 때, 그 대상이 되는 기업들은 매우 많았다. 그래서 이 중에 부동산 기업, 지방 정부가 보유한 기업을 제외한다 등의 기준을 만들기도 했다. 그런데 이후에 시간이 더 지나서 검토해보니 매출과 이익이 연 20% 정도 오르는 기업들이 거의 없었다. 중국 기업의 재무제표는 있는 그대로 믿기 어려웠다. 실제보다 훨씬 좋게 보이도록 만들었을 가능성이 높았다. 조작 가능성이 있는데도 기업 실적이 좋지 않았다. 이건 정말로 상태가 안 좋은 것이었다. 중국은 2020년대 초, 소위 공동 부유 정책을 실시했다. 가난한 사람을 돕자는 명목하에 잘나가는 기업을 적극적으로 규제하기 시작했다. 많은 기업인들이 잡혀갔고, 알리바바의 마윈은 회장직을 그만두고 공식 석상에서 사라졌다. 그런 정책 변화가 중국 기업에 미친 영향은 기업들의 재무제표에 그대로 나타나고 있었다. 매출과 이익이 크게 증가하는 기업이 거의 사라진 것이다.

둘째, 중국 주식시장에서 다반사로 발생하는 거래정지였다. 나는 해외주식은 그냥 두고만 있고 거의 거래하지 않았다. 하지만 주가 확인은 계속했다. 그런데 어떤 주식은 매일매일 주가가 똑같았다. '이럴 리가 없는데 왜 주가가 매일 똑같지?' 하고 확인해보면 거래정지가 되어 있었다.

중국이 사회주의 국가임이 가장 잘 드러나는 게 거래정지다. 거래정지가 되면 왜 거래정지가 됐는지 이유가 있을 것이 아닌가? 그런데 중국 주식은 그 이유가 뭔지 알 수 없었다. 거래정지는 언제 풀릴까? 그것도 알 수 없었다. 모든 게 비밀이었다. 거래정지가 풀리기를 마냥 기다릴 수밖에 없었다. 그런데 거래정지가 며칠 만에 풀리는 게 아니라 몇 달 이상도 간다는 게 문제였다. 내가 보유한 중국 주식 중에는 반년 이상, 1년 가까이 거래정지되었던 것도 있다. 기업이 아무리 좋고 매출과 이익이 성장하고 주가가 올라도, 거래정지가 되면 아무 소용이 없다. 왜 거래정지가 됐고, 언제 거래정지가 풀리는지도 모른 채 기다리는 건 굉장히 불안한 일이다. 그냥 이대로 상장폐지되는 건 아닌지, 주식이 휴지조각이 되어버리는 건 아닌지 불안감이 갈수록 커졌다.

나는 중국 주식을 10개 정도 가지고 있었다. 그중에서 거래정지된 종목이 3개였다. 30% 확률이었다. 증권회사에 아는 지인이 있었는데, 지인에게 중국의 거래정지 때문에 어렵다고 하소연했다. 그런데 지인도 동일한 이유로 힘들다는 거였다. 내가 특별히 거래정지된 종목을 많이 가지고 있었던 게 아니다. 중국 주식시장에 원래 거래정지가 많았던 것이다. 이유를 알 수 없는 거래정지가 시도 때도 없이 발생하는 시장에 몸담고 있기는 어려웠다. 중국 주식을 처분하기 시작했다.

그중 마지막까지 남겨둔 주식은 귀주모태주였다. 귀주모태주만은 계속 갖고 있고 싶었다. 나에게 10배 이상 수익을 올려준 고마운 종목이기도 했지만, 귀주모태주는 그래도 계속 오를 것으로 보였기 때문이다. 당시 주위 사람들이 내게 "지금 사놓고 10년 동안 둔다면 어떤 주식을 추천하겠냐?"고 물어볼 때, 내가 추천할 수 있는 종목 두 가지 중 한 가지가 바로 귀주모태주였다. 귀주모태주는 독점력이 있었고, 다른 상품으로 대체할 수도 없었다. 무엇보다 술을 만드는 지역의 한계 때문에 생산량을 늘릴 수도 없었다. 귀주모태주가 괜히 당시 중국 시총 1위가 된 게 아니었다. 귀주모태주는 정말 최고의 주식이었다.

그러나 결국 귀주모태주도 팔게 되었다. 중국 정부가 귀주모태주의 가격을 통제하기 시작했다. 또 귀주모태주는 구이저우성에 위치했는데, 귀주모태주가 주식을 성 정부에 넘기면서 명실공히 국유기업이 되었다. 구이저우성 정부는 성 정부가 보유한 부실기업을 돈 많은 귀주모태주가 인수하도록 해 성 정부의 부담을 줄였다. 정부 측에는 좋은 일일 수 있지만, 이런 일을 겪으면서 귀주모태주 주식에 대한 기대도 접었다. 정부 입김이 센 기업은 건드리면 안 된다.

귀주모태주를 팔면서 중국 주식은 단 한 종목도 보유한 게 없다. 그 후로는 주기적으로 중국 기업의 실적을 확인하긴 하지만 새롭게 구입하지는 않는다.

국내주식에서
손을 떼다

나는 2011년 이후 주식투자를 본격적으로 다시 시작했다. 당시에는 국내주식투자만 했다. 한국에서 해외주식투자가 가능하게 된 건 2014~2015년경이었으니, 그전에는 국내주식밖에 할 수 없었다. 해외주식을 하긴 했지만 주축은 국내주식이었다. 미국 주식, 중국 주식은 일정 금액만큼 사두기만 하는 장기투자였고, 주식시장을 지켜보며 사고팔고 하는 건 국내주식이었다.

국내주식 투자금은 적지 않았다. 2020년 당시 1억 5천만 원~2억 정도 되는 금액이 국내주식에 사용되고 있었다. 그런데 나는 2020년 하반기에 국내주식에서 손을 뗐다. 처음 주식을 산 1993년 이래 30년 가까이 되었고, 2011년 본격적으로 주식투자를 시작한 지 10년 만에, 국내주식을 더 이상 하지 않기로 한 것이다. 그 이후 2026년 현재까지 국내주식은 새로 구입한 것도, 관심을 가지고 지켜보는 것도 없다. 해외주식만 가지고 있다. 국내주식에서 손을 떼게 된 것은 어느 한 가지 이유 때문이 아니다. 몇 가지 이유를 댈 수 있다.

첫째, 일단 주가가 좀 오르면 자주 발생하는 유상증자이다. 나는 2011년 주식을 다시 시작한 이후 몇 번이나 유상증자를 당했다. 유상증자는 단순히 주가만 떨어지는 문제가 아니었다. 한국 기업과 경영진을 믿지 못하겠다는 불신감이 점점 커져갔다. 기업과 경영진은 자사의 주가가 높아지기를 바라고 주가를 올리기 위해 노력한다. 이게 교과서에서 말하는 주식시장의 본질이다. 하지만 아니었다. 주가가 좀 오르면 기업은 자기들 돈을 챙기기 위해 유상증자를 하고 주가를 떨어뜨렸다. 나는 그동안 우량기업, 이익이 오르는 기업을 찾아왔다. 그런데 별 소용없는 일이었다. 아무리 기업이 좋아도, 유상증자를 하면 별 의미가 없었다. 매출과 이익이 오르는 기업보다, 주주들 등을 치지 않는 기업이 더 중요한 것이었다. 이익보다 믿을 수 있는 기업, 그게 우선이었다. 그런데 한국 기업 중에는 주주들 등치는 기업들이 많았다. 한국 기업에 대한 신뢰가 점점 떨어졌다.

둘째, 정부의 규제다. 물론 어느 나라 주식이든 정부의 규제 위험은 있다. 하지만 한국에서는 정부 규제가 주가에 직접적으로 치명적인 영향을 미치는 경우가 많았다. 2015년경, 한국전력 주식을 4만 원대에 샀다. 당시 앞으로 기대되는 한국의 대표 기업으로 한국

전력이 주목을 받았다. 한국에서 전력 사업은 한국전력 독점이다. 워런 버핏은 해자를 두른 기업 주식을 사라고 했는데, 한국전력이 이 기업에 해당했다. 전력 수요가 계속 증가하기에 수익성도 보장 되고, 재무제표도 좋으며, 이익도 좋고, 배당도 잘하는 등 어느것 하 나 빠지지 않는 우량기업이었다. 해외 투자자들의 비중이 증가했고, 10만 원 이상 갈 거라는 기대가 높아지던 때였다. 그러던 한국전력 이 박살 났다. 문재인 정부가 들어서면서 신재생 에너지를 우대하 고 원자력을 폐지하는 정책을 실시했다. 정부 차원에서 정책을 방 향성 있게 시행하는 건 좋다. 그런데 정부의 지시로 한국전력의 경 영정책이 달라졌다. 한국전력은 잘 돌아가던 원자력 발전소 가동을 멈추고, 신재생 에너지를 원가보다 비싼 가격으로 구매하기 시작했 다. 결국 흑자 기업이던 한국전력은 엄청난 적자를 보는 기업으로 전락했고, 5만 원이 넘던 주가는 몇 년 사이에 2만 원대로 폭락했 다. 나는 한국전력에서 몇 천만 원 손해를 보고 처분했다.

그리고 한 가지 원칙을 세웠다. 정부가 관여하는 종목, 그럴 가능 성이 있는 종목, 정부 지분이 높은 종목은 건드리지 않는다. 이런 종 목은 정부 정책의 도움을 받아 잘나가는 경우도 있다. 하지만 투자 자는 기업의 여러 요소를 챙기기에도 바쁘다. 거기에 정부의 변수 까지 고려하기엔 내 능력이 부족했다. 나는 내가 예상하고 통제할 수 있기를 바랐다. 예상 밖의 요소가 더 중요한 종목은 아예 건드리 지 않는 게 낫다.

셋째, 정부 규제 중에서도 한 단계 더 나아간 규제가 있다. 거래정지다. 2020년에 내가 구입한 종목 중 메디톡스가 거래정지를 당했다. 거래정지 이유는 식약처가 메디톡스가 판매하는 제품 중 한 가지에 대해 회수 및 판매정지 명령을 내렸다는 것이었다. 이런 일이 발생하면 주가가 폭락한다. 그래서 투자자 보호를 위해서라는 명목으로 주식 거래정지 조치를 취한 것이다.

관리 종목이라면 이해가 된다. 재무제표를 제출하지 않는 등 거래정지 사유가 발생해 거래정지를 해도 이해한다. 그런데 주가가 폭락할 것으로 예상되니 투자자 보호를 위해 거래정지한다는 건 뭔가? 투자자들에게 주가 폭락과 거래정지 중 무엇이 더 치명적이라고 생각하는가? 주먹으로 맞는 걸 막기 위해 몽둥이로 때리는 것과 뭐가 다른가? 그렇게 거래정지를 한다고 해서 주가 폭락을 막을 수 있는가? 나중에 거래정지가 풀리면 어차피 주가는 폭락한다. 거래정지는 폭락을 막는 것도 아니면서 그냥 거래만 막는 것이다. 이런 경우 미국 주식은 그냥 폭락한다. 손실은 개인의 책임이다. 그런데 한국은 거래를 정지시킨다. 개인이 손해를 보는 이유는 정부의 이런 조치 때문이다. 그래도 메디톡스 거래정지는 이해할 수 있었다. 어쨌든 메디톡스에 대한 판매정지 조치가 있었으니 주가 폭락이 예상되는 거였고, 그런 혼란을 방지하겠다는 취지는 이해할 수 있었다.

그런데 2020년 4월, 내가 초점을 두는 종목 중 또 다른 거래정지가 있었다. 원유 ETN 종목에 대한 거래정지였다. 당시는 코로나로 인해 세계 경제가 요동칠 때였다. 원유 가격이 2020년 1월, 60달러 정도였던 것이 2월 코로나 사태가 터진 후 폭락해 20달러 아래로 내려갔고, 10달러 밑으로도 떨어졌다. 생산비가 있는데 이렇게까지 원유 가격이 떨어지는 건 말도 안 되는 일이었다. 다시 회복될 것을 예상하고 엄청난 자금이 원유 ETN에 몰렸다. 국제 유가는 시장 불안정으로 크게 요동쳤고, 그로 인해 원유 ETN 가격도 폭등과 폭락을 반복했다. 당시 한국의 원유 ETN 가격은 국제 시세에 비해 굉장히 비쌌다. 수요가 많아서 그랬던 것이다.

그 무렵 나는 원유 가격의 급변동 속에서 원유 ETN을 사고팔면서 수익을 얻으려고 했다. 당시 원유 가격은 심지어 마이너스까지 내려가는 사상 초유의 급등락을 했다. 그런데 유가가 급등하는 추세에 원유 ETN이 너무 급등한다고 정부가 원유 ETN을 거래정지시켰다. 이후 유가는 다시 급락했다. 원유 ETN이 너무 오른다고 거래정지 조치를 당했는데, 유가가 급락하면서 상황이 완전히 뒤바뀌었다. 유가가 폭락하면 원유 ETN도 폭락해야 하는데, 거래정지되어버렸으니 원유 ETN 가격은 시장 가격과 괴리가 더 심해졌다. 원유 ETN 시장은 엉망이 되어버렸고, 결국 정부는 '투자자 보호를 위해' 거래정지 명령을 내렸다가 이번에는 '투자자 보호를 위해' 거래정지를 풀고 말았다.

같은 시기에 발생한 두 번의 거래정지를 경험하면서 나는 한국

시장을 뜨게 되었다. 여러 번의 유상증자로 한국 주식시장에 대한 신뢰감이 뚝뚝 떨어지고 있었는데, 정부 정책으로 인한 주가 변화, 거래정지를 겪으면서 국내주식은 하지 말자는 생각이 강해졌다. 손해를 입어서가 아니다. 나는 원유 ETN 거래로 큰 수익을 얻었다. 하지만 거래정지의 위험, 특히 기업에 문제가 있어서가 아니고, 주가가 지나치게 올랐다는 이유로 거래정지를 당할 수 있다는 위험을 안고 주식 거래를 계속할 수는 없지 않은가. 대안이 전혀 없다면 또 모르지만 해외주식만 해도 충분했다.

내가 다시 국내주식을 하게 될까? 두 가지만 충족되면 다시 할 수 있다. 주가가 오른 후에 유상증자하는 행태 사라지기, 그리고 주가가 폭락, 폭등할 위험이 있다는 이유로 거래정지하지 않기. 그전에는 수익률이 아무리 좋다 해도 국내주식을 다시 할 생각은 없다.

이렇게 해서 나는 중국 주식과 국내주식에서 손을 뗐다. 이 주식들을 정리한 돈은 미국 주식으로 옮겨갔다. 그런데 국내주식을 정리한 것은 나의 주식투자 행태에 큰 변화를 가져왔다. 국내주식은 장기투자가 아니라 스윙 거래 위주였다. 일주일, 한 달, 길어야 몇 달을 고려해 주식을 사고팔았다. 그러려면 계속 정보를 얻어야 했다. 데이트레이딩하는 사람만큼은 아니지만 그래도 계속 뉴스를 보고, 주가 그래프를 봐야 했다. 보통 주식투자자가 하는 행동을 나도 그대로 했다.

이제는 미국 주식만 한다. 미국 주식은 장기투자다. 1년에 몇 번 보유하고 있는 기업들의 실적을 확인하고, 그에 맞춰 매매를 정하기만 하면 된다. 나머지 시간은 할 게 없다. 계속 주식투자를 하고 있기는 한데 주식에 신경 쓰는 시간은 거의 없어졌다. 매일 주식 관련 뉴스를 보지도 않고, 삼성전자 같은 한국의 대표적인 기업의 주가가 오르는지 떨어지는지, 가격이 어느 수준인지 알지도 못한다. 주식을 갖고 있고, 사려고 해야 그런 뉴스에 관심이 간다. 주식시장을 뜨니 그런 것에 관심이 사라졌다. 그렇다고 수익이 낮아진 것은 아니다. 미국 주식은 계속 올랐다. 평소에 하는 일이 없는데 수익이 나니 비용 대비 수익과 효율성은 이전보다 훨씬 더 나아졌다. 장기투자는 단기투자보다 훨씬 더 효율적이었다. 나는 한국 주식을 포기하면서 효율적인 장기투자자가 되었다.

2020년 코로나,
주가 폭락이 매수 기회가 되다

2020년 코로나 사태가 터졌다. 한국은 2월에 코로나가 심해졌고, 주식시장도 크게 하락했다. 그야말로 폭락을 맞은 것은 3월이었다. 2020년 3월, 미국에서 코로나가 확산되면서 미국 주식시장이 박살났다. 그 영향으로 한국 주식시장도 폭락했다. 2020년 2월에 주가가 크게 하락했을 때 나는 걱정하지 않았다. 오히려 주가가 제 가격보다 크게 떨어졌으니 좋은 매수 기회였다. 일단 나는 코로나에 대해 크게 걱정하지 않았다.

당시 코로나를 바라보는 두 가지 시각이 있었다. 하나는 '코로나에 걸리면 죽을 수 있다. 정말 큰일이다. 무슨 수를 써서라도 코로나에 걸리지 않도록 해야 한다'는 입장이었다. 정부 보건당국은 이런 시각에서 움직였다. 하지만 '코로나는 그냥 독감의 일종 아닌가? 감기보다 좀 심할 수는 있어도 독감일 뿐이다. 그런데 이게 무슨 오버

인가?'라고 생각하는 사람들도 있었다. 나는 후자였다. 코로나 때문에 경제가 위축된다며 주가가 폭락하는 게 이해되지 않았다. 나에게 코로나로 인한 주가 폭락은 매수의 기회였다.

그런데 그게 그렇게 간단하지는 않았다. 이때 내가 주목한 종목은 강원랜드였다. 한국에서 다른 기업이 망할 수는 있어도 강원랜드가 망할 리는 없었다. 코로나 사태 전 강원랜드 주가는 27,000원 정도였다. 그런데 코로나 사태가 터지면서 2만 원까지 내려갔다. 30%나 떨어진 것이다. 나는 이것을 매수 기회로 보고, 있는 돈 없는 돈 모아 강원랜드 주식을 샀다. 그런데 강원랜드 주식은 계속 떨어졌다. 강원랜드만이 아니라 모든 주식이 더 떨어졌다. 27,000원 하던 주가가 17,000원까지 떨어졌다. 추가 매수할 돈이 있는 상태에서 이렇게 폭락하면 계속 기회로 여길 수 있다. 하지만 모든 현금을 다 쏟아부었는데도 계속 떨어지기만 하면 힘들어진다. 나는 망했다고 생각했다.

이때 전 세계 자산시장이 폭락하면서 대혼란이 발생했다. 유가가 20달러가 되더니 10달러대가 되었다. 다른 건 몰라도 유가가 이렇게 떨어지는 건 말이 안 되지 않는가? 석유에는 생산비가 들어간다. 다른 종목은 몰라도 석유는 생산비 이하로 떨어질 수 없다. 유가는 반드시 반등할 것이다. 유가와 관련된 종목을 사야 했다. 그런데 돈이 없었다. 울며 겨자 먹기로 강원랜드를 팔았다. 큰 손해를 보고 처분했다. 그대로 두고 있으면 강원랜드도 오를 것이었다. 하지만 상승 정도는 강원랜드보다 유가가 더 크다고 생각했다. 강원랜드를 팔고 원유 ETN 등으로 갈아탔다.

코로나 때 유가는 폭락과 폭등을 거듭했다. 20달러, 10달러가 됐고, 그 이하로 내려갔다. 그리고 중간중간 폭등이 있었다. 10달러에서 12달러가 되면 그것만으로 20% 상승이다. 원유 ETN에서 강원랜드의 손실을 모두 메꾸었고 큰 이익이 났다. 8천만 원이 이익이었는데, 그때까지 한국 주식에서 단일 종목으로 이룬 수익 중 최고였다. 그런데 곧 원유 ETN에 대한 거래정지 사건이 발생했다.

다른 이유라면 몰라도, 한국 시장에서 거래되는 종목이 적정 가격보다 지나치게 높다는 이유로 거래정지되는 건 충격이었다. 그래서 코로나가 한창이던 2020년 중반, 한국 주식을 모두 팔고 미국 주식을 더 샀다. 당시는 미국 주식이 최하점을 벗어나 어느 정도 회복됐을 시점이었다. 그런데 한국 주식을 팔고 미국 주식시장으로 완전히 이동한 것이 굉장히 좋은 결과를 가져왔다. 미국 주식은 대폭락에서 회복하더니 오히려 대상승을 시작했다. 2020년 1월, 미국 나스닥 지수는 9,000대였다. 2020년 3월, 코로나 폭락 때는 7,000대 초반까지 떨어졌다. 그렇게 떨어졌던 나스닥 지수가 2021년 1월에 13,000대까지 올랐다. 한국 주식도 코로나 폭락에서 많이 회복하긴 했지만 나스닥 지수 상승과는 비교할 수 없었다. 2020년 코로나 사태 때 미국 주식에만 투자한 것이 최적의 효과를 만들어냈다. 이때 모든 미국 주식이 다 오른 것은 아니다. 코로나 사태 당시 오프라인

　　　　5천만 원으로 시작해 100억 부자가 된 최성락의 투자 이야기

사업 주식들은 상태가 안 좋았고, 온라인 사업 주식이 크게 상승했다. 그리고 내가 가진 주식은 아마존, 구글, 넷플릭스 등 모두 온라인 주식들이었다.

2021년 초 나의 주식계좌 즉, 미국 주식계좌 총액은 8억이 되었다. 2014년경 나의 투자금 총액은 7천만 원이었고 그중 5천만 원을 주식에 할애했다. 그리고 2018년경 나의 주식 총액은 2억 정도였다. 그런데 2021년 초, 그 금액이 8억이 되었다. 5천만 원이 7년 만에 16배가 되었고, 3년 만에 4배가 된 거였다. 그 수익의 대부분은 미국 주식에서 난 것이었다. 국내주식에서도 이익이 나긴 했다. 그런데 2020년 2월, 내 국내주식 총액은 모두 1억 3천~1억 4천만 원 정도였다. 이후 원유 ETN에서 큰 이익을 냈다고 하지만, 강원랜드의 손실을 메꾸고 나면 총 2억 정도였을 것이다. 나는 2014년경에 국내주식과 해외주식을 5 대 5로 나눠 투자를 했다. 그게 2020~2021년에는 국내주식 2억, 미국 주식 6억이 된 것이다.

이때 비트코인도 크게 올랐다. 비트코인은 계속 가지고만 있었다. 이런저런 이슈에 따라 사고팔고 하지 않으니, 비트코인에 대해서는 사실 할 말이 없다. 비트코인도 코로나 사태가 시작되면서 폭락했다. 그때도 반타작이 났다. 하지만 그 이후 비트코인 가격도 계속 올랐다. 코로나 전에는 평균 가격이 1,000만 원 수준이던 것이 2021년 초에는 5천만 원을 넘어 6천만 원대까지 올랐다.

이전에는 나의 자산에서 주식이 항상 비트코인보다 더 많았다.

그런데 이때 비트코인 액수가 주식보다 더 커졌다. 주식과 비트코인의 비중을 맞추고자 했다. 비트코인을 일부 처분해 미국 주식을 샀다. 미국 주식 2억 원어치를 추가 매입했고, 그래서 미국 주식 총액은 10억 원이 되었다. 비트코인도 5천만 원대의 가격으로 총액 10억이 되었다.

이렇게 해서 금융자산이 20억이 되었다. 2018년에 4억이었던 금융자산이 만 3년 만에 20억으로 늘어났다. 비트코인과 미국 주식의 급등 덕분인데, 그중 비트코인의 덕이 더 컸다. 1,000만 원 하던 비트코인이 6천만 원대가 되면서 10억 이상 증가했으니 말이다.

어쩔 수 없이
다주택자가 되다

2018년, 내가 보유한 부동산은 서울 강남의 개포동 아파트와 오피스텔 2채, 상가 1채였다. 오피스텔 2채와 상가는 이전에 수익형 부동산 투자를 해야겠다고 생각했을 때 구입한 것이고, 개포동 아파트는 어머니가 팔겠다고 한 걸 인수한 것이다. 그런데 이 부동산이 2021년에는 더 늘어났다. 오피스텔 2채와 빌라가 추가되었다. 나는 다주택자가 되었다.

아버지는 원래 삼성동 집에서 계속 살고 있었다. 이 집을 1990년대 말에 다가구 주택으로 바꿔 운영하고 있었다. 다가구 주택을 운영하다보면 일이 굉장히 많다. 나이 들어서 그런 뒤치다꺼리를 일일이 하기는 정말 번거롭다. 아버지는 집을 팔고, 아파트로 들어가 집을 관리하지 않고 편하게 살고 싶어 했다. 그런데 집을 팔기가 힘들었다. 1가구 2주택자는 집을 팔 때 양도세가 매우 많이 나온다. 그런데 아버지 집이 있고, 별거 중인 어머니 집도 있다. 서류상으로는 1가구 2주택이니, 그중 한 채를 팔면 양도세가 엄청 나오게 되어 있었다.

삼성동 집은 1983년경 3천만 원인가 주고 산 것이었다. 보유한 지 40년이 넘었고 지금은 몇 십억 정도 된다. 그 차액에 대해 양도세가 나오는데, 세금이 10억이 넘었다. 그러니 못 팔 수밖에. 개포동 아파트를 먼저 팔면 양도세는 많이 줄어든다. 개포동 아파트는 그래도 산 지 10여 년밖에 되지 않았으니 원칙적으로는 이 아파트를 먼저 팔아야 했다. 하지만 개포동 아파트도 팔 수 없었다. 개포동 아파트는 어머니 소관이었다. 집을 팔아야 하는데 양도세 때문에 팔 수가 없다, 이게 아버지의 고민이었다.

내가 개포동 아파트를 구입하면서 아버지는 서류상 1가구 2주택 상태에서 벗어나게 되었다. 그래서 아버지는 다시 삼성동 다가구 주택을 팔려고 했다. 그런 아버지에게는 오피스텔이 한 채 있었다. 은퇴 이후 용돈을 벌기 위해 구입한 오피스텔이었다.

오피스텔은 주택에 들어가지 않는다. 그런데 재산세와 양도소득세 산정할 때의 기준이 다르다. 재산세를 산정할 때는 오피스텔이 주택 수에 포함되지 않는다. 하지만 양도소득세를 산정할 때는 주택 수에 포함된다. 그러니 오피스텔을 보유한 상태에서 집을 팔면 어마어마한 양도세가 부과된다. 이런 사실을 집을 팔려다가 알게 되었다. 아버지는 집 파는 걸 미루고, 오피스텔을 먼저 팔기로 했다.

시세가 1억 4천만 원 정도니 그 가격에 내놓았다. 그러나 아무도 보러오는 사람이 없었다. 아파트는 시세대로 내놓아도 사려는 사람이 있다. 그러나 오피스텔은 시세대로 내놓으면 아무도 관심을 갖지 않는다. 오피스텔은 시세보다 싸게 내놓아야 한다. 하지만 시세보다 싸게 내놓는다고? 안 팔면 안 팔았지, 시세보다 싸게 팔 수는 없었다. 그렇게 시간이 흘렀다. 고민은 계속되었다. 그래서 내가 아버지에게 제안했다.

"제가 사겠습니다."

부모 자식 간 거래는 세무서의 주요 관심 대상이 된다. 나는 이미 어머니와 부동산 거래를 한 터였다. 이번에 또 거래를 하면 아무래도 세무서의 주목을 받을 수 있었다. 어쨌든 시세대로 오피스텔을 구입했고, 그래서 오피스텔이 한 채 추가되었다.

장인어른은 직장에 다니다가 60세 전후에 은퇴했다. 연금만으로는 생활비가 어림없었고, 그동안 저축한 돈으로 생활을 해왔다. 그런데 현금이 떨어졌다. 갖고 있는 부동산을 팔아야 했다. 오피스텔 한 채와 거주하고 있는 빌라가 있었다. 먼저 오피스텔을 내놓았다. 장인어른도 오피스텔을 시세보다 낮은 가격에 내놓지 않았다. 오히려 시세보다 비싸게 내놓았다.

장인어른은 직장에서 영업을 주로 했었다. 그 분야에서는 거래할 때 매도자가 먼저 비싼 가격을 부르고, 상대방이 낮은 가격을 제시하면 이후 협상을 통해 적정 가격을 찾는다. 그런 경험 때문인지 오피스텔을 시세보다 비싼 가격에 내놓았다. 사려는 사람이 찾아오면 협상을 통해 가격을 시세대로 낮추려 한 것이다. 하지만 시세대로 내놓아도 보러오는 사람이 있을까 말까 한데, 시세보다 높은 가격에 내놓으니 찾아오는 사람이 있을 리 만무했다. 현금이 고갈되어 대출금 이자를 부담하느라 점점 힘들어졌다. 오피스텔은 팔리지 않았다. 결국 이 오피스텔도 내가 사게 되었다.

장인어른은 오피스텔을 내게 팔았지만, 담보대출 부채가 많고 세입자에게 보증금도 내줘야 해서 큰돈을 손에 쥐지는 못했다. 오피스텔을 판 돈도 얼마 가지 못했다. 곧 또 돈이 떨어졌다. 이제 남은 재산은 하나밖에 없었다. 본인이 거주하는 서울 서초구의 빌라였다. 빌라를 팔려고 내놓았다. 역시 시세보다 좀 비싼 가격에 내놓았다. 빌라도 오피스텔과 같이 팔기 어려운 부동산이다. 아파트면 모를까, 빌라가 그런 식으로 거래될 리 없었다. 이 빌라에도 대출이 몇 억 있었고, 매달 100만 원이 넘는 이자를 부담해야 했다. 매달 생활비와 이자로 낼 돈이 없었다. 빌라를 보러오는 사람이 없어서 빌라 가격을 낮추었다. 그래도 찾아오는 사람이 없었다. 문제가 점점 심각해졌다. 결국 이 빌라도 내가 구입했다. 장인어른이 그 집에 전세 살고 내가 은행 담보를 인수했다. 그 차액만 지불하니 돈이 많이 들지는 않았다.

아파트면 몰라도 빌라는 투자 대상이 될 수 없다. 빌라촌은 재개발 이야기가 나오기도 하지만, 이 지역은 도로가 잘 정비되어 있고 신축 빌라가 많아서 재개발과는 거리가 멀었다. 월세 수입을 바라면 모를까, 그렇지 않으면 살 이유가 없는 빌라였다. 하지만 이런 경우는 어쩔 수 없지 않은가. 그렇게 해서 나는 다주택자가 되었다. 스스로 돌아봐도 이게 어떻게 된 건가 싶다. 나는 이전에 수익형 부동산의 한계를 알게 되면서 수익형 부동산 투자를 그만두었다. 그런데 오히려 수익형 부동산이 늘어나 오피스텔 4채를 보유하게 되다니. 게다가 나는 월세로만 살고 있다. 그런데 아파트와 빌라를 갖고 있다. 한 채는 어머니가 살고 있고, 다른 한 채는 장인어른이 살고 있어 별 의미 없기는 하다. 어쨌든 그렇게 보유한 부동산이 늘어났다.

잠자던 아파트 재건축이
깨어나다

개포동 주공아파트는 재건축 이야기가 있긴 했다. 하지만 그건 정말로 먼 이야기였다. 저층 아파트들이 먼저 다 재건축되고 난 다음에야 일이 진행될 텐데, 아직 1~4차 저층 아파트의 재건축이 끝나지 않았다. 고층 아파트 재건축은 한참 멀었다. 정비구역 지정이 언제 될지 알 수 없었고, 조합 설립 이야기도 언제 나올지 감 잡을 수 없었다. 내가 어머니의 주공아파트를 구입할 때 재건축으로 인한 시세 상승을 전혀 기대하지 않았던 이유다.

그런데 2020년경, 재건축 시장이 급변했다. 문재인 정부는 연달아 부동산 규제 정책을 발표했고, 그에 따라 부동산 가격은 계속 상승세였다. 부동산 가격이 잡히지 않자 정부는 더욱 강력한 부동산 규제 정책을 시행했다. 그리고 부동산 투기를 막는다는 이유로, 재건축 아파트에 대한 실거주 의무 규제를 발표했다.

아파트가 재건축되면 기존 아파트 소유자에게 새 아파트 분양권을 준다. 그동안은 아파트를 소유하기만 하면 분양권이 나왔다. 그런데 새로운 규제에서는 아파트를 소유한 것만으로는 안 되고, 소유자가 해당 아파트에 실제 2년 이상 살았어야 분양권을 준다는 거였다. 아파트를 사놓고 다른 사람에게 임대해주기만 한 사람은 분양권을 받을 수 없었다. 이 규제는 2021년 3월인가부터 시행될 예정이었다. 이 시점 이전에 재건축 조합이 설립된 곳은 규제가 적용되지 않았다. 하지만 이후에 설립된 재건축 조합에는 규제가 적용된다.

이 규제는 내게도 영향을 미치는 것이었다. 나는 개포동 아파트를 2017년에 구입했고 이 집에는 어머니가 살고 있다. 이 발표대로라면 나는 분양권을 받을 수 없었다. 어머니를 쫓아내고 내가 이 집에 들어가 2년간 살아야 분양권이 나올 터였다.

한 가지 애매한 점이 있었다. 나는 현재 이 집에 살지 않지만, 결혼 전 몇 년 동안은 살았다. 소유자가 된 이후에 살지는 않았지만 소유자가 되기 전에는 살았다. 그러면 분양권이 나오는가, 나오지 않는가? 이로 인해 나는 혼란을 겪었고, 아파트 전체적으로도 큰 이슈가 되었다. 개포동 주공아파트만이 아니라 앞으로 재건축 예정인 모든 아파트에서 문제가 되었다. 이 규제대로라면 많은 아파트 소유자들에게 분양권이 나오지 않을 터였다. 지금부터 아파트에 들어가서 기한을 채우려 해도 이미 세입자가 살고 있다. 계약기간이 끝날 때까지 기다려 세입자를 내보내고 자신이 2년을 살아야 분양권이 나오는데, 그전에 조합이 설립되면 어떻게 하나? 규제에서 벗어나는 방법은 한 가지뿐이었다. 2021년 2월까지 조합을 만들면 규제에서 벗어날 수 있었다. 재건축 이야기가 나도는 아파트들은 전력을 다해 이때까지 조합 설립을 위해 노력했다.

조합 설립은 결코 쉬운 일이 아니다. 복잡한 이해충돌이 발생해 다툼도 많고 분쟁도 많다. 설립을 위한 추진위원회가 만들어지고 많은 분규를 거치고 난 후에나 조합이 만들어진다. 하지만 당시 무엇보다 중요한 일은 2021년 2월까지 조합을 설립하는 것이었다. 그러지 않으면 재건축은 물 건너간다고 봐야 했다.

다툼과 이해관계 조정, 분쟁이 될 소지가 있는 항목은 많고 많았다. 그러나 그 모든 갈등은 2021년 2월까지 조합을 설립해야 한다는 명제 앞에서 다 수그러들 수밖에 없었다. 재건축 조합 추진위원회가 급히 만들어지고, 모든 소유자들이 일치단결해 조합 설립을 추진했다. 결국 2021년 2월, 드디어 조합이 설립되었다. 앞으로 10년 이내에 조합이 설립될 수나 있을까 했는데, 정부의 실거주 규제 정책 발표 1년 만이었다.

이런 현상은 개포동 주공아파트에만 해당되는 게 아니었다. 압구정 아파트 등 재건축 대상 모든 아파트에서 공통적으로 발생한 일이다. 조합 설립과 관련된 모든 갈등은 2순위로 밀려나고 조합 설립이 최우선 과제가 되었다. 그 때문에 전국적으로 우후죽순 조합이

  5천만 원으로 시작해 100억 부자가 된 최성락의 투자 이야기

설립되었다. 실거주를 해야 분양권을 준다는 규제를 피하기 위해서는 어쩔 수 없었다.

재건축 아파트는 조합 설립, 사업시행인가, 관리처분 등 재건축 주요 단계를 거칠 때마다 가격이 뛴다. 조합이 설립되자 개포동 아파트 가격이 뛰었다. 2018년에 개포동 아파트는 16억 정도였다. 그런데 2021년 조합이 설립되면서 20억이 넘었다. 2010년대 내내 10억이던 아파트가, 문재인 정부에 들어서서 가격이 오르더니 결국 재건축 이슈가 맞물리면서 20억이 넘었다. 나는 이 아파트를 10억에 구입했는데, 단 4년 만에 두 배가 되었다. 이토록 빨리 조합이 설립되리라고는 아무도 예상하지 못했다. 실거주해야 분양권을 준다는 정부의 규제 덕분이었다. 이런 상황은 아무도 예상할 수 없었다. 아파트 값이 오르고, 내가 4년 사이에 두 배의 시세차익을 얻은 건 운이라고밖에 할 수 없다.

참고로, 실거주자에게만 분양권을 준다는 규제 정책 이후에 대해 이야기해본다. 규제가 발표된 지 한참 후, 정부는 소유주가 직접 거주하지 않아도 직계존비속이 거주한 경우에는 분양권을 준다고 처음의 정책을 수정 발표했다. 그런 건 처음에 발표할 때 같이 했어야 하는 것 아닌가? 직접 거주한 경우에만, 주민등록이 되어 있는 경우에만 인정한다고 하면 당연히 직계존비속은 상관없는 것이라고 생각할 수밖에 없다. 나의 경우와 같이 부모나 자식이 살고 있으면 어떻게 하느냐는 문의를 굉장히 많이 받았을 것이고, 그런 질문을 받고 나서야 당국은 규제에 문제가 있다는 걸 알게 됐을 것이다. 어쨌든 나도 이때 재건축 조합에 적극적으로, 무조건적으로 찬성표를 던졌다. 그럴 수밖에 없지 않은가?

실거주 의무 정책은 많은 문제점을 안고 있었고, 부작용도 발생했나 보다. 이 정책은 결국 시행되지 못하고 폐기되었다. 이 정책이 폐기된 시점은 2021년 2월 조합이 설립되고 난 다음이었다. 그러나 이 정책은 전국적으로 재건축 조합 설립을 촉진하고, 또 재건축 아파트 가격을 상승시킨 일등 공신으로 남게 될 것이다.

아무튼 내 부동산 총액은 40억가량이 되었다. 하지만 전세가 들어 있고, 은행 대출 등으로 부채가 10억 원이었다. 그러니 부채를 제외한 순자산은 30억이었다. 금융자산으로 비트코인 10억, 미국 주식 10억이었다. 이렇게 해서 총 50억의 자산이 만들어졌다. 이 정도 자산이면, 특히 금융자산이 이 정도면 직장을 그만두어도 된다고 생각했다. 그래서 나는 2021년 여름, 교수직을 그만두었다.

4장

어쨌든 100억이 되다

투자 과정에서 가장 힘들었을 때는? 그것은 아마 2017년 말 비트코인 가격 폭등기였을 것이다. 10월에 600만 원 하던 비트코인이 12월, 1월에는 2천만 원이 넘어섰다. 하루에 몇 천만 원, 1억 원이 움직이던 때가 가장 힘들었다. 폭등과 폭락이 이어지는데 계속 들고 있어야 하는가, 팔아야 하는가? 다 팔아야 하는가, 일부만 팔아야 하는가? 일부만 판다면 어느 정도 팔아야 하는가? 매일매일 고민했던 시기다.

지키기 위한 투자
vs 벌기 위한 투자

　순자산 50억을 달성하고 교수직을 그만두었다. 다른 직장이라면 한번 그만두어도 나중에 다른 회사에 취업할 수 있다. 원래 다니던 회사보다 조건이 안 좋아질 수는 있어도, 어쨌든 일하던 분야에 재취업이 가능하다. 그런데 교수직은 그렇지 않다. 대학을 그만두면 그것으로 끝이다. 다른 대학에 취직하면서 원래 다니던 대학을 그만둘 수는 있다. 하지만 그만두고 좀 쉬었다가 다른 대학 교수로 들어간다? 그런 경우는 없다. 교수는 대학을 그만두면 정말 은퇴다. 재취업은 기대할 수 없다.

　그래서 고민이 많았다. 지금 당장은 은퇴 전까지 지낼 돈이 있기에 그만두어도 괜찮았다. 하지만 만약 나중에 무슨 일이 생겨 이 돈이 사라진다면? 돈이 부족해졌을 때 다시 취직해 돈을 벌자는 선택지는 없다. 돈이 없어지면 그냥 없는 것으로 끝난다. 돈 부족에 시달

리며 노년을 맞이할 수밖에 없다. 가진 돈을 지켜야 했다. 잃으면 안 되었다. 나는 그동안 비트코인, 미국 주식에서 돈을 벌었다. 내가 갖고 있는 건 미국 주식 중에서도 연 20% 정도 매출과 이익이 오르는 기업들이다. 성장주다. 일반적으로 주식투자에서 말하는 성장주와 조금 차이가 있긴 하지만, 어쨌든 매출과 이익이 연 20% 증가하는 성장주 중심의 투자였다.

성장주 투자의 문제가 뭐냐 하면, 주식이 크게 떨어질 가능성이 항상 존재한다는 점이다. 성장세를 띨 때는 주식이 크게 오르지만 만약 성장세가 꺾이면 주가가 크게 떨어진다. 나는 또 비트코인을 가지고 있다. 비트코인의 널뛰기는 두말할 필요도 없다. 그러니 20억이라는 금융자산이 있긴 하지만, 비트코인과 미국 주식으로 구성된 금융자산이 언제 폭락할지 모른다는 불안감이 있다.

전에는 가격이 좀 떨어져도 괜찮았다. 월급으로 살아갈 수 있었다. 하지만 이제는 아니다. 금융자산이 폭락하면 큰일 난다. 그래서 포트폴리오를 바꾸려고 했다. 폭락하지 않을 주식, 배당금을 많이 주는 안정적인 종목 위주의 투자를 하려고 했다. 또 비트코인을 많이 가지고 있으면 곤란했다. 주식 비중을 높이고 보다 더 안정적인 채권 등도 사두어야 했다. 채권은 은행이자보다 훨씬 높은 이자가 정기적으로 지급되고, 원금 안정성도 주식보다 훨씬 높다.

미국 주식 중에서 배당을 많이 주는 주식, 안정적으로 배당금이 지급되는 주식을 알아보았다. 그런데 이렇게 안정적인 자산으로 포트폴리오를 짜면서, 그동안 알지 못했던 새로운 사실을 알게 되었다.

안정적인 주식, 배당을 잘 주는 주식, 이자가 잘 나오는 채권을 고르는 것까지는 좋았다. 그런데 안정성을 중시하게 되면서 관심 영역이 완전히 달라지게 되었다. 예를 들어보자. 테슬라는 좋은 주식인가, 안 좋은 주식인가? 테슬라는 전 세계 전기 자동차 업계의 선두주자다. 자동차만이 아니라 자동차 관련 소프트웨어에서 압도적인 경쟁력을 가졌다. 앞으로 정말 전기 자동차 세상이 오면 테슬라는 세계적인 경쟁력을 갖춘 선도기업이 될 것이다. 비전과 성장성을 고려하면 테슬라는 관심을 가져야 하는 대상이다.

그런데 안정성을 기준으로 한다면? 전기 자동차 세상이 올 거라는 건 미래에 대한 예상일 뿐이다. 정말 어떻게 될지는 아무도 모른다. 현재 사람들은 가솔린차를 훨씬 더 많이 타고 있고, 예상치 못한 사건이 발생하면 전기 자동차가 시장에서 퇴출될 수도 있다. 안정성을 기준으로 볼 때 테슬라는 건드리면 안 되는 주식이다. 팔란티어도 마찬가지다. 팔란티어는 정부의 매출 비중이 지나치게 높다. 정부가 마음을 바꾸면 팔란티어는 한순간에 나락으로 간다. 엔비디아도 누군가가 새로운 AI 칩을 만들어내면 한순간에 시장지배력을 잃을 수 있다. 안정성을 기준으로 보면 이런 주식들은 관심을 가져서는 안 된다.

안정성이 담보된 것은 앞으로 세상이 변하더라도 지금 상태가 계속 유지될 거라고 예상되는 분야다. 코카콜라는 전기 자동차가 유행하건 말건 사람들이 계속 마실 것이다. 다른 콜라 회사가 새로운 콜라를 만들어내면 코카콜라는 사라질 수 있지 않을까? 그동안 수많은 회사들이 새로운 콜라를 출시했지만, 그 어떤 콜라도 코카콜라의 대항마가 되지는 못했다. 코카콜라는 어떤 미래가 닥쳐도 안정적이다. 라면도 AI가 발전하든 말든 사람들은 계속 먹을 것이다. 라면 회사인 농심, 삼양, 오뚜기도 안정적이다. 다른 라면 회사가 경쟁자로 새로 나와 시장을 바꿔버릴 가능성이 있지 않을까? 라면도 새로운 회사가 들어와 히트 상품을 만들어내기 어렵다. 히트 라면을 만들어낸다면 농심, 삼양, 오뚜기 등 기존 기업들 중에서 만들지, 새로운 기업이 만들지는 못할 것이다. 이런 생각으로 안정적인 주식 위주로 고르면 어떤 현상이 벌어지는가? 기존 사회에 완전히 정착해 있는 것, 그동안 계속 주요 상품이었고 주요 기업이었던 것에 초점을 맞춰야 한다. 새로운 기술, 새로운 상품, 새로운 기업, 새로운 추세는 바라보지 않는다. 단순히 쳐다보지 않는 정도가 아니라, 의도적으로 피하고 무시해야 한다.

이런 게 나쁘다는 뜻은 아니다. 이런 식으로 투자하는 방법도 있다. 워런 버핏은 1990년대 인터넷 주 폭등으로 전 세계가 열병을 앓을 때, 인터넷 주에 전혀 관심을 갖지 않았다. 새로운 기업과 추세는 쳐다보지 않고 코카콜라 같은 전통적인 기업에만 투자했다. 워런 버핏이 왜 그런 식으로 투자했는지 이제 확실히 이해하게 되었다.

안정적인 주식 위주로 투자하면 그렇게 되는 거였다.

그런데 문제는, 이렇게 새로운 것을 피하고 기존에 정착된 것만 찾는 경향이 단지 주식에만 한정되지 않더라는 점이다. 생활에서도 새로운 것을 피하게 되었다. 새로운 것을 배우는 일을 두려워하게 되었다. 여행을 가도 그동안 안 가본 나라에 가는 게 뭔가 두려워지고, 새로운 사람을 만나는 것도 피하게 되었다. 보수적인 사람이 되어가고, 확실한 것만 받아들이려 했다. 어떻게 될지 모르는 미지의 것, 그동안 알지 못했던 것은 새로 알 필요가 없었다.

그동안은 투자 성향이 일상생활에서의 성향과 연결된다고 생각하지 않았다. 투자 성향과 일상생활은 완전히 별개가 아닌가? 그런데 아니었다. 투자 성향과 일상생활은 서로 연관되는 것이었다. 워런 버핏이 몇 십 년 동안 이사도 가지 않고 계속 같은 데서만 살고, 햄버거, 콜라 등 거의 같은 것만 먹고, 취미도 브릿지 등 몇 가지만 평생 하는 건 괜히 그런 게 아니다. 기존에 정착된 것에만 투자하는 성향이 일상생활에서도 나타나는 것이다.

문제는 그게 내게도 맞느냐 하는 것이었다. 나는 이런 성향으로 바뀌는 건 곤란하다고 생각했다. 아무리 돈을 지키는 안정적 투자가 중요해졌다 해도 이건 내 정체성과 관련된 문제였다. 새롭게 변화되는 세상을 보지 말고, 안정적으로 정착된 것만 보는 건 그동안의 내 가치관과 맞지 않았다. 그래서 안정적인 투자를 포기했다. 이전과 같이 성장성 위주의 투자를 하기로 했다. 성장성 위주의 투자를 하다가는 돈을 크게 잃고 나중에 생활이 어려워질 수도 있다. 하지만 그래도 성장성 위주의 투자를 계속하기로 했다.

결과적으로 이런 결정은 나에게 큰 도움이 되었다. 2021년 20억을 넘은 후에도 금융자산이 크게 증가하게 된 건 성장성 위주의 투자를 계속 유지했기 때문이다. 만약 안정성 위주의 투자를 했다면 아무리 잘됐어도 몇 억만 늘어났을 것이다. 이 기간 중에 대박이 난 주식 중 하나가 엔비디아인데, 성장성 위주의 사고방식에서 이 종목을 계속 보유할 수 있었다. 안정성, 배당주 위주의 투자였다면 엔비디아는 당장 팔아버려야 할 주식이었다.

어쨌든 이 일로 한 가지는 분명히 알 수 있었다. 돈을 벌기 위한 투자와 지키기 위한 투자는 다르다. 돈을 많이 벌기 위한 투자와 적정 수익만 얻으려는 투자도 다르다. 보유 종목만 다른 게 아니라, 세상을 보는 가치관과 생활 태도도 달라진다. 어느 것을 선택할지는 자신의 성향에 달려 있다. 나에게는 돈을 벌기 위한 투자가 더 맞았다. 그래서 주변에 배당주 등을 권유하고 추천하는 사람들이 있긴 하지만, 나는 안정적인 수익을 추구하는 배당주 등은 눈길을 주지 않을 생각이다.

일을 안 해도
자산이 늘어난다?

2022년 3월, 미국에서 금리 인상이 시작되었다. 코로나 사태로 미국뿐만 아니라 세계 각국에서 돈 풀기에 나섰다. 한국에서도 각종 지원금 명목으로 국민들에게 돈을 나누어주었다. 정부가 돈을 나누어주면 좋긴 한데 한 가지 문제가 있다. 정부가 돈을 풀면 인플레이션이 온다. 한국뿐만 아니라 세계적으로 물가 상승이 발생했다. 미국에서도 물가가 급등했고, 인플레이션을 잡기 위해 금리를 인상했다. 그런데 인상 폭이 엄청났다. 2021년에 미국 기준금리는 0.25% 수준이었다. 그런데 2023년 7월에는 5.5% 수준까지 올라갔다. 1년 반 사이에 5% 이상 금리가 오르는 금리 대폭등기였다.

금리가 이렇게 오르면 주식시장은 박살이 난다. 2022년 봄, 금리 인상이 시작되면서 미국 주식 주가가 떨어지기 시작했다. 나스닥 지수가 16,000이었는데, 15,000에 이어 14,000으로 떨어졌다. 주식에서는 주가가 10~20% 떨어지는 건 일상으로 받아들여야 한다. 나도 주가가 10~20% 정도 떨어지는 건 별 충격 없이 받아들일 수 있었다.

나는 직장을 그만둘 때, 돈을 딱 맞춰서 그만두지 않았다. 10~20% 정도는 주가 등이 떨어져도 별 문제 없을 정도의 여유를 두었다. 그런데 미국 주식의 하락은 거기서 멈추지 않았다. 그 이후에 계속 떨어져 나스닥 지수 10,000까지 떨어졌다. 무려 40%나 떨어진 것이다. 주식시장이 이렇게 떨어지면 비트코인은 당연히 더 떨어진다. 8천만 원까지 올랐던 비트코인은 3천만 원대로 주저앉았다.

나는 금융 자산이 20억일 때 직장을 그만두었다. 부동산은 있지만 그것은 현실 생활에 별 도움이 안 된다. 내가 직장을 그만둔 건 금융자산을 믿어서였다. 그런데 미국 주식, 비트코인이 폭락하면서 금융자산이 급격히 떨어졌다. 12~13억대까지 떨어졌다. 내가 이 정도 금융자산이 있으면 직장을 그만두어도 되겠다고 생각한 수준보다 한참 아래로 떨어졌다. 더구나 생활비는 계속 주식을 팔아서 충당하고 있었다. 이대로라면 나중에 큰 문제가 발생할 게 뻔했다. 어떻게 해야 하나, 고민이 시작되었다.

고민해봐도 할 수 있는 일이 없었다. 다른 직업이라면 다시 취업하는 게 가능했다. 하지만 내가 있던 학계는 한번 그만두면 그냥 그것으로 끝이다. 다시 교수로 임용될 확률은 제로다. 돈을 버는 활동은 불가능했고, 결국 나중에 금융자산이 어느 수준 이하로 떨어지면, 가지고 있는 부동산을 팔아서 충당할 수밖에 없었다. 어머니, 처갓집 등이 살고 있는 집들을 팔 수 있을 때까지 버틸 수밖에 없었다.

그런 고민이 계속되는 와중에 미국 주식이 다시 오르기 시작했다. 고금리인데도 미국 주식은 회복해갔다. 비트코인도 이전 가격을 되찾았다. 그렇게 해서 2024년 1월, 내 금융자산은 다시 20억이 되었다. 직장을 그만둘 당시의 금융자산이 다시 만들어졌다.

이것은 단순히 주식이 떨어졌다가 다시 제자리로 돌아왔다는 걸 뜻하는 게 아니다. 나는 2021년 8월 직장을 그만둔 후 금융자산을 팔아서 생활비를 써왔다. 2년 6개월 동안 계속해서 주식 등을 팔아왔다. 그러면 그만큼 금융자산 가치가 떨어져 있어야 한다. 그런데 직장을 그만둘 때와 같은 액수다. 그건 내가 2년 6개월 동안 써온 돈이 모두 메꾸어졌다는 것을 의미했다. 그때 나는 굉장히 놀랐다. '이럴 수도 있구나.' 자산이 어느 정도 규모가 되면 저절로 늘어난다는 말을 들어본 적이 있는데, 그게 내게도 나타난 것이다.

정말 놀라운 건 그 이후의 일이다. 미국 주식은 거기서 멈추지 않았다. 이전의 최고점이었던 나스닥 지수 16,000을 넘어 계속 올라갔다. 그리고 비트코인은 2024년 3월, 1억 원을 돌파했다. 나는 비트코인이 5천만 원이던 시점을 기준으로 교수직을 그만두었다. 그런데 그사이 2배가 되었다. 미국 주식이 계속 오르고, 비트코인도 오르니 내 자산은 훨씬 늘어나게 되었다. 그리고 부동산은 주식 등이 회복하기 전부터 계속 오르기 시작했다. 2024년 4월경이 되자,

순자산이 70억이 넘어갔다. 50억 자산으로 일을 그만두고, 그 이후에는 수익 활동을 하지 않았는데 자산이 오히려 크게 증가했다. 부동산은 몰라도 금융자산은 줄어들 거라고 생각해왔는데, 금융자산도 크게 늘어났다.

이 일은 내게 굉장히 충격적이었다. 직장을 그만둔 이후, 지금 있는 돈을 어떻게 잘 관리해 죽을 때까지 돈걱정 하지 않고 살아갈 수 있는가에 초점을 두었었다. 앞으로 돈을 벌지 못하고 계속 쓰기만 할 터이니 자산은 계속 줄어들 것이었다. 어떻게 하면 자산을 별로 줄이지 않고 여생을 보낼 수 있을지, 자산이 줄어들면 어떻게 해야 할지, 어떻게 하면 망하지 않을지 계속 고민했다. 즉 직장을 그만둔 후 자산이 감소할 거라고만 생각했다. 그게 당연하지 않은가? 돈을 더 이상 벌지 않고 쓰기만 하는데, 자산이 줄어들 거라고 보는 게 합리적이지 않은가? 더구나 몇 억이 아니라 몇 십억이 더 늘어날 수 있다는 건 상상도 못했다. 그런데 그런 일이 현실에서 벌어졌다. 일을 하지 않아도 재산이 늘어날 수 있었다. 돈을 벌려고 하지 않아도, 수익 활동을 하지 않아도 재산이 증가할 수 있었다. 부자들이 더 큰 부자가 되는 이유를 이때에서야 알게 되었다. 자본의 힘이 얼마나 큰지도, 자산이 증가하는 데는 노동보다 자본이 훨씬 더 중요하다는 것도 이때 실감했다.

투자를, 자산 배분을 잘하면 돈을 벌려고 특별히 노력하지 않아도 자산이 계속 증가할 수 있다. 이 경험 이후로 나는 노후 걱정을 많이 덜어냈다. 물론 그런 걱정에서 완전히 벗어난 건 아니다. 투자라는 게 어느 한순간 삐끗하면 순식간에 많은 재산이 날아간다는 건 익히 알고 있으니까. 하지만 그런 위험이 도사리고 있다 해도 재산이 크게 늘어날 수 있다는 것을 알게 된 이상, 노후 걱정을 덜 한다. 일정 규모 이상이 되면 자산은 스스로의 힘으로 계속 증가한다. 2024년 봄에 새로 알게 된 깨달음이었다.

카지노에서의
투자법과 TQQQ

대학 교수를 그만둔 이후에 내 투자법에 달라진 건 별로 없었다. 이전의 투자법을 그대로 적용했다. 이 시기에 소위 대박 난 주식이 있는데 엔비디아였다. 엔비디아는 2010년대 말에 구입해놓고 있었다. 그런데 AI 열풍을 타면서 엔비디아 주가가 그야말로 폭등했다. 여기서 또 한 번 텐베거가 나오게 되었다.

투자법에 변화는 없지만 몇 가지 실험적으로 추가된 방식은 있었다. 그중 하나가 TQQQ이다. 미국 나스닥 지수를 3배로 추종하는 레버리지 ETF이다. 나는 2021년 말, TQQQ 투자를 새로 시작했다. 계기는 『라오어의 미국 주식 무한매수법』이었다.

내가 쓴 책 중에 『나는 카지노에서 투자를 배웠다』가 있다. 2018년, 순자산 20억을 달성하고 쓴 책이다. 2000년대 초 강원랜드 스몰카지노가 처음으로 개장했다. 당시 나는 30대 초, 박사 과정에 있었는데 주기적으로 카지노에 다녔다. 카지노에서의 베팅은 굉장히 어려웠지만, 어쨌든 결과는 성공적이었다. 여기에서 생활비를 어느 정도 충당할 수 있었다.

카지노에서 돈을 따는 건 불가능하다고 하지만 사실 카지노 게임에는 절대 승리법이 있다. 마틴게일 베팅법이다. 처음에는 1만 원을 넣고, 지면 2만 원, 다시 지면 4만 원, 또 지면 8만 원… 이런 식으로 2배씩 배팅하는 방법이다. 룰렛 게임에서는 빨강-검정, 홀수-짝수, 큰수-작은수 등 2분의 1 확률에 베팅할 수 있다. 바카라는 플레이어-뱅커에 베팅하는데, 이것도 2분의 1 확률이다. 2분의 1 확률 게임에 마틴게일 베팅법을 사용하면 돈을 딸 수 있다. 빨강에 걸었을 때 검정이 계속 나와도, 빨강이 나올 때까지 계속 2배씩 베팅하면 언젠가는 빨강이 나온다.

카지노에서도 마틴게일법을 쓰면 자신들이 돈을 잃는다는 걸 안다. 그래서 카지노에서는 베팅 한도를 정한다. 라스베이거스 등에서는 보통 1만 달러, 한화로 약 1,400만 원 정도이다. 1,400만 원까지는 마틴게일법을 써도 되지만 그 이상은 안 된다는 뜻이다. 한국의 강원랜드는 30만 원이 베팅 한도인데 이건 마틴게일법을 막으려는 카지노의 조치가 아니라, 너무 크게 베팅하지 말라는 정부의 규제다. 30만 원이 한도면 처음에 1만 원을 베팅했을 때 1-2-4-8-16만 원까지 5번만 베팅할 수 있다. 이러면 마틴게일법은 의미가 없다. 이렇게 한국 카지노에서는 마틴게일법을 쓰는 게 거의 불가능하지만, 나는 마틴게일법을 변형해 카지노 베팅을 했다. 마틴게일법과 좀 다르긴 하지만 기본적으로 마틴게일법이었다. 어쨌든 이 방법으로 2000년대 초 카지노에서 용돈을 마련했다.

한국의 카지노는 30만 원 이상 베팅이 불가능하니 예외로 치고, 라스베이거스, 마카오 등의 카지노들이 마틴게일법이 절대 승리법이란 걸 알면서도 내버려두는 건, 마틴게일법으로 돈을 버는 게 사실은 굉장히 어렵기 때문이다. 마틴게일법으로 베팅을 하면 1-2-4-8-16-32-64-128-256-512-1,024만 원으로 베팅액이 늘어난다. 빨강에 베팅하는데 10번 계속해서 검정이 나오면 1,024만 원을 베팅해야 한다. 이때 이미 1,023만 원을 잃었다. 그러니 10번 계속 베팅하려면 2,045만 원이 필요하다. 10번째도 검정이 나와서 11번째 베팅을 하려면 4,095만 원, 12번째 베팅을 하려면 8,191만 원이 있어야 한다.

룰렛 게임에서 10번 계속해서 검정이 나올 확률이 얼마나 될까? 이것은 동전을 던지는데 앞면만 계속 10번 나오는 확률과 같다. 10개의 동전을 던졌는데 10개 모두 앞면이 나오는 것과도 같다. 이 확률은 1,024분의 1이다. 평생에 한 번 볼 수 있을지 모르는 굉장히 드문 일이다. 그러나 그렇지 않다.

카지노에서는 무수히 많은 게임이 시행되고 있다. 한 테이블에서는 10회 연속 같은 것만 나오는 경우가 거의 없지만, 카지노 전체적으로는 몇 시간에 한 번 정도는 그런 일이 발생한다. 연속 13회,

14회 같은 것만 나오는 경우도 심심치 않게 발생한다. 마틴게일법을 적용하는 사람은 이런 예외적 사건이 발생했을 때 모든 돈을 잃는다. 투자금으로 1억 원씩 들고 오지는 않기 때문에, 더 이상 베팅할 돈이 없어서 그동안 베팅한 돈을 다 잃게 된다. 그런 예외적 사건만 피하면 마틴게일법은 분명 수익을 올릴 수 있는 방법이다.

주식투자를 하면서 마틴게일법을 주식시장에 적용할 수 있는지 생각해본 적이 있다. 주식은 아무리 하락해도 하루도 빠짐없이 계속 떨어지지는 않는다. 떨어지다 오르는 경우가 반드시 발생한다. 마틴게일법을 적용할 수 있으면 계속 떨어지는 주식에서도 반드시 이익을 얻을 수 있다. 하락하는 중에도 계속 구입하고, 그러다 조금이라도 반등하면 이익이 나는 시스템을 만들 수 있을까 고민했다. 나의 결론은 그건 어렵다는 것이었다. 마틴게일법을 주식시장에 적용하는 건 불가능해 보였다.

2021년 가을에 읽은 『라오어의 미국 주식 무한매수법』은 미국의 3배 레버리지 ETF들을 기반으로 한 투자법이었다. 나는 라오어의 투자법을 굉장히 긍정적으로 생각한다. 라오어의 무한매수법은 기본적으로 떨어질 때 계속 사는 방법이다. 그러다가 어쩌다 올랐을 때 매도하여 수익을 실현한다. 계속 떨어지더라도 49회차 이내에는 오를 거라는 가정을 기반으로 한다. 이것은 기본적으로 마틴게일법이다. 나는 마틴게일법을 주식시장에 적용하기를 포기하고 있었다. 그런데 라오어는 마틴게일법을 주식시장에 적용하는 방법을 발견했다. 그가 카지노에서의 마틴게일법을 알고 있었는지는 모르지만, 어쨌든 무한매수법과 마틴게일법의 기본 원리가 동일하다는 점은 분명했다. 라오어의 무한매수법은 분명 수익을 낼 수 있는 방법이다. 10년에 한두 번 발생하는 대폭락 시기에는 그래도 손실이 나겠지만, 장기적으로는 그 손실을 메꿀 수 있을 정도의 수익이 날 수 있다.

그럼 나는 라오어의 무한매수법을 실행하고 있는가 하면 그건 아니다. 라오어는 무한매수법으로 1년에 20% 정도의 수익을 달성할 수 있다고 했다. 그러나 나는 매출과 이익이 연 20% 정도 오르는 기업에 투자해 이미 연 20% 정도 수익을 기대할 수 있다. 기대수익률이 동일하다. 기대수익률이 같은데 무한매수법은 매일매일 사고팔아야 하고, 내 방법은 1년에 몇 번만 거래하면 된다. 나로서는 기대수익률이 더 높으면 모를까, 매일 거래해야 하는데 수익률이 비슷하다면 특별히 따라할 이유가 없었다.

내가 따라해보자고 생각한 건 라오어의 장기투자 방법이었다. 책에는 매일매일 거래하는 무한매수법이 중점적으로 소개되어 있었지만, 한 부분에는 장기투자법도 제시되어 있었다. 3배 레버리지를 한 달에 50만 원씩, 10년 기한으로 계속 매수하는 방법이다. 중간중간에 폭등하면 더 이상 사지 않고 현금을 적립하고, 폭락할 때는 적립한 현금으로 더 매수한다. 그런 식으로 장기투자를 하면 한 달에 50만 원, 1년에 600만 원, 10년에 6천만 원의 원금으로 10억 원을 달성할 수 있다. 한 달에 100만 원이면 20억을 기대할 수 있다. 이건 4년 동안 2배의 수익률이라는 내 기본 조건에 맞는다.

이건 해볼 만하겠다 싶었다. 한 달에 한두 번 거래하는 거니 별 부담 없이 할 수 있었다. 사실 나는 이때까지 지수를 추종하는 ETF는 구입한 적이 없었다. 금은 ETF, 원유 ETF 등 직접 종목 투자가 불가능한 ETF는 구입한 적이 있어도, 주식 종목을 대상으로 하는 ETF는 투자 대상으로 삼지 않았다. 라오어의 무한매수법을 알게 된 다음부터 지수를 따라가는 ETF에 관심을 가지고 구입하기 시작했다.

라오어의 장기 무한매수법을 시작하고 난 다음, 2022년 미국 금리가 인상되면서 나스닥 지수가 16,000에서 10,000대까지 떨어졌다. 3배 레버리지인 TQQQ는 완전히 박살 났다. 80달러를 넘던 것이 20달러까지 떨어졌다. 그러나 어쨌든 계속 샀고, 나중에 가격이 회복되면서 결국 TQQQ에서 큰 수익이 났다. 2025년 10월경에는 110달러가 넘었고, 지금까지 2.5배 정도의 수익이 났다. 책에서는 한 달에 50만 원 투자하는 것을 기준으로 소개했지만, 나는 그것보다 더 큰 금액을 넣었다. TQQQ는 나에게 효자 종목 중 하나가 되었다.

지금까지 무한매수법, 3배 ETF인 TQQQ로 인해 큰 수익이 난 것은 맞지만 앞으로는 이 방법을 사용하지 않으려 한다. 3배 레버리지 TQQQ를 계속 매수하면서 마음속에 걸리는 게 있었다. 미국 주식시장은 장기적으로 우상향한다. 그러니 TQQQ를 장기적으로 투자하면 분명 수익이 난다. 나는 이런 라오어의 기본 가정에는 찬성한다. 하지만 10년에 한두 번 정도는 반드시 대폭락 시기가 온다. 카지노 마틴게일법은 분명 평소에 수익을 올릴 수 있는 방법이지만, 정말 어쩌다 한번 10회 이상으로 한 가지 색만 나오는 예외적인 사태가 발생한다. 이때 그걸 어떻게 피하는가, 어떻게 손실을 최소화하는가가 마틴게일법을 사용하기 위한 전제조건이다. 그런 전략 없이 그냥 마틴게일법을 사용하면 이런 예외적인 상황이 발생할 때 모든 돈을 다 잃는다.

장기 무한매수법도 마찬가지다. 주가지수가 30% 폭락하면 TQQQ는 90% 폭락한다. 큰 손실을 입기는 하지만, 그래도 장기적으로 미국 주식시장은 회복할 것이다. 그러니 그 상태에서 계속 매수하면 언젠가는 플러스로 돌아서고 수익을 얻는다. 내 경우 2022년 금리 인상의 폭락기에서도 계속 매수하다보니 결국 큰 수익이 났다.

그런데 이 기간에 TQQQ 등 지수 추종 ETF의 움직임을 계속 보다보니, TQQQ는 평소 계속 매수하는 것보다 폭락기에 매수하는 것이 훨씬 더 나은 투자법 같았다. 나스닥 지수가 10% 이상 하락하는 상황에서 매수를 시작하고, 그 이후에 더 떨어지면 계속 매수하는 방식이다. 20% 정도 하락했을 때부터 매수를 시작하면 더 확실할 것이다. 시장이 잘나갈 때, 또는 평소에 3배 레버리지 투자를 하는 것보다 시장 상황이 크게 안 좋아졌을 때 본격적으로 투자를 하면 마음고생도 덜하고 수익률도 더 크다.

그래서 지금 TQQQ는 무한매수법에 의한 매수는 더 이상 하지 않고 보유량을 줄이고 있다. 2025년 가을에 미국 나스닥 지수는 연일 최고치를 경신했다. 지수가 오르니 TQQQ는 더 크게 올랐지만 TQQQ 비중을 줄이고, 나중에 지수가 10%, 20% 정도 폭락했을 때부터 다시 무한매수법을 시도하려 한다. 그런 폭락이라면 원래대로 회복하는 데도 긴 시간이 걸리지만 그때부터 무한매수법을 시도하면 평소보다 더 큰 수익을 기대할 수 있다.

어쨌든 나는 라오어 덕분에 지수 ETF 투자를 시작하게 됐고, TQQQ로 인해 큰 수익도 얻었으며, 앞으로의 투자 방향에 대한 시사점도 얻었다. 나는 라오어를 직접 알지는 못한다. 책으로만 안다. 지면으로나마 라오어에게 감사의 뜻을 전한다.

워런 버핏이 아내에게 남긴 투자법, SPY 투자

이전에는 ETF를 쳐다보지 않았다. ETF는 여러 종목을 묶어서 만든 것이다. 투자의 초보, 어떤 종목을 선정할지 잘 모르는 사람들에게는 ETF가 의미 있을 수 있다. 하지만 종목을 고를 수 있는 사람에게 ETF는 별 의미가 없다. 반도체가 유망하다고 생각하면 반도체 ETF를 살 게 아니라, 그냥 반도체 ETF에 속하는 기업의 주식을 사면 된다. ETF를 사는 건 괜히 비싸게 사기만 할 뿐이다. 그런데 앞에서 말한 이유로 TQQQ를 사보게 되었다. 그리고 TQQQ를 사면서 다른 ETF들도 살펴보기 시작했다.

워런 버핏은 자신이 사망한 후에 남겨진 재산을 어떻게 하면 좋겠냐는 아내의 질문에 미국 주가지수를 따라가는 ETF에 투자하라고 제안했다고 한다. 미국 S&P 지수를 추종하는 대표적인 ETF는 SPY이고, 나스닥 지수를 추종하는 대표적인 ETF는 QQQ이다.

워런 버핏의 제안은 충분히 일리가 있다고 생각한다. 미국 주식시장의 특징은 장기적으로 계속 우상향한다는 점이다. 1929년 대공황으로 주가가 대폭락한 후 주가지수가 완전히 회복한 것은 1954년이 되어서였다. 이렇게 오랜 시간이 걸린 경우도 있지만, 그래도 미국 주식은 우상향이다. 1929년 최고점에서 주식을 사고 그 이후에 하나도 사지 않았다면, 무려 25년이 지나서 이익이 났을 것이다. 하지만 1930년대 주가가 폭락했을 때 조금씩이라도 계속 주식을 샀다면 그보다 훨씬 빠른 시간 안에 엄청난 이익을 볼 수 있었다. 90%가 떨어졌으니, 이때도 주식을 샀으면 못해도 10배의 수익은 났다. 1929년 대공황 때 입은 손해를 충분히 메꿀 수 있는 수익률이다. 다른 어느 나라도 이렇게 장기적으로 우상향하는 주식시장의 모습을 보여주지 못했다. 그러니 워런 버핏의 제언은 분명 따를 가치가 있다.

그러면 나는 워런 버핏의 제언대로 SPY, QQQ를 사서 보유하고 있느냐 하면, 그렇지 않다. SPY가 수익이 난다는 건 인정하는데 나의 투자 목표인 4년에 2배에는 미치지 못한다. 많은 차이는 아니다. SPY는 지난 10년 동안 4배 정도 올랐다. 그래도 나의 수익률 기준에 못 미치는 건 사실이다. 만약 나도 재산이 충분히 많아서 4년에 2배의 수익률을 목표로 하지 않게 되면 SPY를 해도 된다고 생각한다. 그러나 아직까지는 4년에 2배를 목표로 하고 싶다. SPY에 관심을 가지지 않는 이유다.

　QQQ는 지난 10년간 평균 수익률이 연 18.7% 정도다. 4년에 복리로 98.5%의 수익이다. 이 정도면 2배로 봐도 된다. QQQ는 살 수 있다. 그런데 나는 QQQ보다는 QLD를 보유하고 있다. QLD는 QQQ 지수를 2배로 추종하는 레버리지다. 나스닥 지수의 2배를 따른다. QLD의 지난 10년 평균 수익률은 연 30.82%이다. 4년에 2배보다 더 많은 수익을 얻을 수 있다. QQQ와 같이 움직이지만 훨씬 낫다. 그래서 나는 QLD를 포트폴리오에 포함하고 있다.

　나스닥 지수 2배 추종 ETF를 산다면, S&P 지수를 2배로 추종하는 SSO도 사야 하지 않느냐고 할 수 있다. S&P 지수를 추종하는 SPY의 10년 평균 수익률은 4년에 2배가 되지 않지만, S&P 지수를 2배로 추종하는 SSO는 10년 평균 수익률이 22.35% 정도다. 4년에 2배가 충분히 넘는다. 그러면 SSO도 포트폴리오에 넣어야 하지 않을까?

　SSO가 목표 수익률을 달성하기는 하는데, SSO의 움직임과 QLD의 움직임은 같다. S&P 지수의 움직임과 나스닥 지수의 상관관계는 0.9 정도다. S&P 지수가 오르면 나스닥 지수도 오르고, S&P 지수가 내리면 나스닥 지수도 내린다. 나스닥 지수가 진폭이 더 높아 나스닥 지수의 상승률이 좀 더 높을 뿐이다. 어쨌든 상관관계가 이렇게 높으면 두 개 다 가지고 있을 필요가 없다. 그냥 하나만 가지고 있어도 똑같은 효과를 낸다. 둘 중 하나만 가지고 있어야 한다면, 즉 QLD나 SSO 중에 한 가지만 가지고 있어야 한다면, 무엇이 목적이냐에 따라 보유 종목이 달라진다. 수익률에 보다 초점을 맞추면 QLD이고, 안전성과 손실을 보다 적게 하는 게 목적이라면 SSO이다. 나는 아직은 손실을 줄이는 것보다 수익률이 더 높은 것을 추구한다. 그래서 QLD를 보유한다.

나스닥 지수를 2배로 추종하는 QLD를 보유한다면 3배를 추종하는 TQQQ 수익률이 더 높은 것 아니냐고 할 수 있다. 지난 10년간 TQQQ의 수익률은 연 37% 정도였다. QLD는 연 30.82% 정도였는데, TQQQ 수익률은 이보다 더 높다. 그러면 TQQQ에 초점을 두어야 하는 게 아닐까?

하지만 나는 현재 QLD에 초점을 맞추고 있다. TQQQ는 라오어의 무한매수법의 일환으로 가지고 있고, QLD는 장기적으로 보유하고 있다. 처음에는 TQQQ에 더 초점을 맞추었다. 그런데 나스닥 지수가 2021년 16,000에서 10,000대로 대폭락하고, 이후 2024년 다시 16,000대를 회복했다. 이렇게 나스닥 지수가 원래 가격을 회복하면 QLD, TQQQ 등도 원래 가격을 회복해주어야 한다. QLD는 원래 가격을 회복했다. 하지만 TQQQ는 원래 가격을 회복하지 못했다. 나는 2022년 대폭락기에도 계속 TQQQ를 샀기에 TQQQ에서 수익이 많이 나기는 했다. 하지만 폭락을 거친 후 주가지수가 원래 가격을 회복해도 TQQQ는 그 가격을 회복하지 못한다는 것을 이 경험을 통해 확실히 알게 되었다.

나스닥 지수는 2024년 16,000을 넘어 계속 신고가를 달성했다.

이때 QLD도 계속 신고가를 기록하고 있었지만, TQQQ는 2021년 최고가를 넘어서지 못했다. TQQQ가 2021년 전고점을 넘어선 시점은 2024년 12월이었는데, 이때 나스닥 지수는 19,000을 넘어섰다. TQQQ는 수익률은 높지만, 그만큼 위험 부담이 높다. 무엇보다 지수가 신고가를 달성해도 TQQQ는 신고가를 달성하지 못한다. 나에게는 QLD가 더 맞다고 판단했다.

사실 처음에는 SSO, QLD, TQQQ, S&P 지수를 3배로 추종하는 UPRO를 다 보유했다. 4년에 2배 이상 수익률을 기대할 수 있는 종목을 모두 사둔 것이다. 그렇게 직접 보유하면 ETF 가격의 움직임에 보다 관심을 갖고 지켜보게 된다. 몇 년 그렇게 가지고 있다보니 SSO와 QLD의 움직임, UPRO와 TQQQ의 움직임이 거의 같다는 걸 알게 되었다. 하지만 수익률은 SSO보다 QLD가 높았고, UPRO보다 TQQQ가 높았다. 그래서 SSO, UPRO를 처분하고 QLD, TQQQ에만 초점을 맞추었다. 그런데 더 오래 QLD와 TQQQ를 가지고 있다보니, TQQQ가 수익률이 더 높기는 한데 그 차이가 얼마 되지 않았다. QLD 수익률은 10년간 30.82%이고 TQQQ는 37% 정도였다. 6~7% 정도 차이였다. QLD는 나스닥 지수를 2배, TQQQ는 3배로 추종하니 원칙적으로 QLD가 30%면 TQQQ는 45%여야 했다. 하지만 TQQQ의 수익률은 그 정도가 되지 않았다. 3배 레버리지를 추종하다보니, 오르락내리락할 때 사라지는 이익이 있다.

　　　　　　　　　　5천만 원으로 시작해 100억 부자가 된 최성락의 투자 이야기

3배 레버레지는 폭락기에 매우 위험하다. QLD보다 훨씬 더 위험을 감수하는 건데, 그만큼 수익이 더 높지는 않다. 그냥 수익이 좀 적다 해도 위험성이 적은 QLD가 더 맞는 것 같다. QLD가 목표 수익률보다 낮다면 모르겠지만, QLD도 충분히 목표 수익률을 달성했다. 이 정도면 욕심내지 않고 QLD에 초점을 맞춰도 될 것 같았다.

나는 아직 TQQQ와 QLD 모두 가지고 있다. 그런데 TQQQ 비중은 조금씩 줄이고 있다. 생활비 등으로 주식을 팔아야 할 때 TQQQ를 팔고 있다. 최종적으로는 QLD만 보유하려 하고 있다. 그러다 폭락기가 왔을 때, 미국 주식이 10~20% 이상 떨어졌을 때, 그러니까 TQQQ가 50% 이상 떨어졌을 때 다시 TQQQ를 매수하기 시작하려 한다. TQQQ는 그런 식으로 투자하는 게 더 맞는 것 같다.

우여곡절 끝에
일등공신이 된 부동산

2021년 이후 부동산에도 큰 변화가 발생했다. 일단 부동산 가격이 크게 올랐다. 이 시기에 전국의 부동산이 모두 오른 건 아니고 서울 강남, 용산 등만 올랐다. 그런데 내 부동산은 모두 강남에 위치해 있다. 재개발, 재건축 이슈도 맞물려 부동산 가격이 올랐다.

이전에 서초동 빌라를 구입했다. 투자 목적은 아니고, 처갓집이 집을 팔아야 하는 상황에서 인수한 것이었다. 이 빌라는 투자 가치는 없었다. 월세를 받으려고 구입하는 사람이 있지만, 나는 그런 수익성 부동산에서는 손을 떼야 한다고 생각한다. 빌라가 재개발되어 아파트로 바뀌는 걸 기대하고 사는 사람들도 있다. 하지만 재개발되기 위해서는 여러 조건을 충족해야 한다. 주민 동의율, 토지 동의율 등도 있지만 무엇보다 지역 노후도가 중요하다. 신축 건물 대비 노후 건물 비율이 높아야 재개발이 가능하지, 신축 건물이 일정 비율 이상이면 재개발이 안 된다.

그런데 이 빌라가 위치한 지역은 서초구였다. 계속해서 옛날 다가구 주택이 헐리고 새로운 다세대 주택 등으로 바뀌어서 재개발은 기대할 수 없는 지역이다. 투자 가치는 없지만 어쨌든 처갓집이 어려운 상황이라 인수한 것이었다.

그런데 정말 예상할 수 없던 일이 발생했다. 문재인 정부 때 주택은 이미 충분하다는 논리로 주택 공급을 하지 않고 투기 억제책만 실시했다. 정말 많은 부동산 정책을 실시했지만, 부동산값은 연일 오르기만 했다. 결국 정권 말기에 이르러서는 정책 기조를 바꿨다. 그것도 빠른 속도로. 그래서 신속통합기획 등의 정책이 시행되었다. 신속통합기획은 재개발 지역이 되는 조건을 완화해주고, 재개발되는 시간을 줄여주는 기획이었다. 이런 기획으로 그동안 재개발이 불가능했던 지역이 재개발 가능 지역이 되었다. 장인이 살던 빌라가 이 지역에 해당되었다.

지역 주민들이 신속통합기획 대상지가 되려고 동의서 등을 받기 시작했다. 정부의 강력한 지원으로 이 지역이 재개발 구역으로 지정되는 게 가시화되었고, 그와 동시에 집값이 대폭 올랐다.

이후 문재인 정부가 윤석열 정부로 바뀌면서 사업이 '모아타운'으로 변경되었고, 이 지역은 모아타운 대상 지역으로 지정되었다. 그러자 집값이 더 올랐다. 장인어른에게 산 가격보다 2배 이상 올랐다. 부동산이 약 4년 동안 2배 이상 올랐으니 더할 나위 없는 성공적인 투자가 되어버렸다.

여기가 정말 재개발될지는 아직 잘 모른다. 기본적인 주민 동의율은 채워졌는데, 다른 여러 가지 문제들로 사업 진행이 잘 안 되고 있다. 재개발이 되더라도 정말 오랜 시간이 걸릴지 모른다. 그러나 이전에 '재개발이 안 되는 지역'이 지금은 '재개발 가능 지역'이 되었다. 재개발이 안 되는 지역과 가능한 지역은 완전히 다르다. 언젠가는 아파트가 될 수 있다는 기대감으로 집값이 엄청나게 높아진다. 만약 재개발이 정말로 추진되어 재개발 단계를 하나씩 거치면, 그때마다 가격이 계속 오를 것이다.

2024년 개포동 재건축 아파트는 사업인가를 받았다. 그리고 2025년 시공사를 선정했다. 그러면서 또 한 번 가격이 폭등했다. 이때의 가격 폭등은 재건축 때문만은 아니었다. 반포 아파트를 비롯해 강남 아파트 가격이 크게 올랐다. 서울 다른 지역은 가격이 오르지 않았지만 강남은 계속 올랐다. 정부의 다주택자 규제하에서 똘똘한 한 채를 원하게 되었는데, 그런 정책이 강남 아파트 가격 폭등의 주요 원인이라고 전문가들은 설명했다. 어쨌든 이런 분위기를 타고 개포동 재건축 아파트는 계속 올랐다. 2025년, 이 아파트 가격은 30억이 넘었다. 재건축 이슈가 있는 아파트와 재개발 이슈가 있는 빌라, 이 두 부동산의 시장 가치가 2025년 기준 50억이 되어버렸다.

오피스텔은 아버지, 장인어른 것을 인수하면서 4채로 늘어났다.

처음에는 아무 생각 없었는데, 다주택자가 되다보니 오피스텔이 부담이 되었다. 그래서 오피스텔 2채를 처분했다. 2채를 더 처분해야 하는데 오피스텔을 파는 건 쉽지 않다. 좀 싸게 내놓기는 했는데 매물로 나온 게 워낙 많아 팔리지 않는다. 상가는 코로나를 거치면서 상권이 완전히 박살 났다. 이전에는 그래도 몇 십만 원씩 월세가 나왔는데, 코로나 이후에는 월세가 들어오지 않는다. 오히려 관리비를 내지 않아 상가에 문제가 생겼으니, 소유주들이 관리비를 부담하라는 이야기가 나오곤 한다.

이렇게 성공한 부동산, 실패한 부동산, 그저 그런 부동산이 공존하는데, 어쨌든 부동산을 다 합하면 부채를 제외하고 순자산 기준 50억이 넘었다. 부동산은 현금이 돌지 않아 투자하지 않으려 했는데도 이렇게 많아졌으니 정말 아이러니하다.

어쨌든
100억 부자가 되다

2024년 4월, 순자산 75억이 되었다. 부동산, 미국 주식, 비트코인이 모두 오르면서 2021년 직장을 그만둘 때보다 재산이 훨씬 많아졌다. 그리고 미국 주식, 비트코인의 오름세는 여기서 멈추지 않았다. 그 후로도 계속 올랐고, 2024년 가을쯤 순자산 88억 정도까지 되었다. 이때쯤 100억을 넘는 사건이 발생했다. 다름 아닌 상속이었다.

2024년 봄, 아버지가 돌아가셨다. 그에 대한 유산 정리를 했고, 9월쯤 재산 분배와 상속세 등이 확정되었다. 아버지는 강남 다가구 주택을 보유하고 있었다. 우리집은 1970년대에 강남으로 이사왔다. 강남으로 온 이후에도 세 군데 정도 이사 다녔고, 1980년대 초에 이 집을 구입해 지금까지 보유하고 있었다.

원래는 단독주택이었는데 1990년대 말, 주변 집들이 모두 다가

5천만 원으로 시작해 100억 부자가 된 최성락의 투자 이야기

구 주택으로 바뀌면서 우리집도 다가구 주택으로 바뀌었다. 그 후 아버지는 집 관리가 부담되어 이 집을 팔려고 했지만, 세금 문제 등으로 팔 수 없었다. 앞에서 이야기한 것과 같이 별거 중인 어머니가 1990년대 말 퇴직금 등으로 아파트를 구입했다. 별거이긴 하지만 어쨌든 1가구 2주택자가 됐고, 다가구 주택을 팔면 어마어마한 세금을 내야 했다. 1980년대에 이 집을 살 때는 3천만 원 수준이었다. 그런데 지금 시세는 몇 십억 원이다. 그 차액에 1가구 다주택자 세금을 매기면 정말 엄청난 세금을 내야 했다. 그러니 팔아야지, 팔아야지 하면서도 막상 팔 수 없었다.

어쨌든 그 집을 상속으로 물려받게 되었다. 물론 나 혼자 물려받은 것은 아니다. 가족끼리 나눠 받았다. 그렇게 상속으로 재산이 증가하면서 100억이 넘게 되었다. 상속 재산이 정리되면서 상속세도 정리되었다. 처음 상속 재산이 정해지고 몇 억 원의 상속세를 내야 된다는 걸 알았을 때, 그러니까 내 총 재산이 100억이 넘게 되었다는 걸 알게 됐을 때 내 첫 반응은 이랬다.

'빌어먹을… 어쨌든 100억이 되긴 했네.'

100억이 넘었다고 감격이나 흥분은 없었다. 자랑스러운 마음이 생긴 것도 아니다. 몇 억 원의 상속세 부담, 그리고 아버지가 생전에 관리하느라 고생해온 다가구 주택을 어떻게 해야 하는가에 대한 부담이 더 컸다.

상속으로 자산이 100억이 넘긴 했지만 내가 번 것은 아니다. 나는 스스로 번 돈과 상속으로 받은 돈을 구분한다. 내가 번 것만으로 100억이 넘었을 때 진짜 100억이 된 거라고 말할 수 있지 않을까? 그런 면에서 사실 이때까지는 진짜 100억대가 아니었다. 100억이 되긴 했지만 100억이 되었다고 말하기는 좀 그랬다.

진짜 100억이 된 시점, 그러니까 상속 재산을 제외하고 순수 자산만으로 100억이 된 것은 2025년 가을이었다. 전국적으로 부동산 시장이 안 좋다고 난리인데 서울의 강남, 용산은 계속 신고가를 달성했고, 나스닥 지수는 22,000을 넘어섰다. 그리고 비트코인은 2024년 3월 1억 원을 달성한 후 위아래로 많이 출렁이기는 했지만, 2025년 가을에 1억 7천만 원까지 올랐다. 그러면서 100억이 만들어졌다.

지금 자산이 100억인 건 맞지만, 사실 자세히 살펴보면 좀 애매한 점이 있다. 이 중에서 부동산 비중이 큰데, 보유 부동산을 팔려면 엄청 많은 금액을 세금으로 내야 한다. 미국 주식도 양도 차액의 20%는 세금으로 내야 한다. 이것도 지금 모두 팔아 정리한다면 세금으로 내야 하는 돈이 적지 않다. 세금으로 나갈 걸 미리 계산하면 100억이 안 될 수도 있다. 이런 모호한 점이 있지만 어쨌든 외면적으로는 상속 재산을 제외하고 100억이 되었다. 이제는 100억이 되었다고 어디서든 걸리는 것 없이 말할 수 있게 되었다.

100억이 돼서 좋았느냐고 묻는다면 사실 흥분이나 환호 같은 건 없었다. 그런 즐거운 감정보다는 안도감이라 할 만한 감정이었다.

'긴 여행을 끝내고 무사히 도착했구나' 하고.

본인이 100억 자산가가 될 거라고, 100억 자산이 만들어질 거라고 미리 예상했냐고 묻는다면 그건 아니다. 80억 정도가 넘으면서 이러다 100억이 넘을 수도 있겠다고 생각한 적은 있다. 하지만 그전에는 내게 100억이 생길 거라고는 상상한 적이 없다. 100억이 생길 거라고 예상했다면 50억이 되었을 때 '이 돈으로 직장을 그만둬도 될까?' 하고 그토록 고민하지 않았을 것이다.

인생이란 정말 알 수 없다. 나는 경제적 독립을 바라기는 했다. 대학생 때부터, 정말 오랫동안 바라왔다. 그러나 경제적 독립을 달성하는 것과, 100억대 자산가가 되는 건 좀 다른 말이다. 초과 달성이다.

보통 이렇게 투자로 성공하면 중간에 몇 번은 망하는 과정이 있다. 투자로 성공한 사람의 이야기를 들어보면 항상 중간에 망한 이야기가 나오곤 한다. 하지만 나는 투자 과정에서 망한 적이 없다. 사실 큰돈을 잃어보지도 않았다. 가장 큰 자산 감소는 2022년 미국 금리 인상으로 주식, 비트코인이 폭락했을 때인데 이때도 금융자산은 많이 떨어졌지만 부동산이 올랐기 때문에 총자산이 그리 줄어들지는 않았다.

투자 과정에서 가장 힘들었을 때는? 그것은 아마 2017년 말 비트코인 가격 폭등기였을 것이다. 10월에 600만 원 하던 비트코인이 12월, 1월에는 2천만 원이 넘어섰다. 하루에 몇 천만 원, 1억 원이 움직이던 때가 가장 힘들었다. 폭등과 폭락이 이어지는데 계속 들고 있어야 하는가, 팔아야 하는가? 다 팔아야 하는가, 일부만 팔아야 하는가? 일부만 판다면 어느 정도 팔아야 하는가? 매일매일 고민했던 시기다.

100억 자산가가 돼서 인생이 성공했다고 느끼는가 하면 그건 아니다. 나에게는 꿈이 있다. 오래전부터 바라온 게 있다. 경제적 독립도 바라온 것이기는 한데, 그것은 내 인생의 꿈이라고 할 수 있는 것은 아니다. 우선순위가 높은 버킷리스트이긴 하지만, 버킷리스트는 꿈과는 조금 다르다. 경제적 독립은 그 꿈을 이루기 위한 좋은 바탕이기는 하다. 그러나 그 자체가 꿈은 아니다.

인생이 성공했다고 느끼려면 꿈이 이루어져야 한다. 100억 자산가가 된 건 내가 꿈을 이루는 데 큰 도움이 되는 것은 분명하다. 하지만 긴장감도 있다. 이렇게 먹고살기 위해 일을 하지 않아도 되는데, 돈 걱정 별로 하지 않고 꿈을 추구할 수 있게 됐는데, 그런데도 꿈을 이루지 못하면 어떻게 하나. 꿈과 관련해 진전이 있어야 하는데 별로 진전이 없다. 어떻게 해야 하나 계속 생각한다. 성공한 인생, 만족스러운 인생과는 좀 다르다.

어쨌든 나는 돈이 없던 시절부터 100억 대까지의 과정을 밟으면서 돈과 투자에 대해서는 이런저런 말을 할 수 있게 되었다. 500억, 1,000억 이야기는 모르지만 100억까지는 이야기할 수 있게 되었다. 전교 1, 2등은 아니지만 반에서 1, 2등은 하면서 공부에 대해 한마

디할 수 있는 수준은 되지 않았을까.

그런 점에서 100억이 나에게 새로운 세상을 열어준 것은 맞다. 그런 경험을 할 수 있게 해주었다는 점에 대해서는 정말 하늘에 감사하고 있다.

5장

나의 투자 기준 '4년에 2배'

야구 타자는 안타보다 아웃이 훨씬 더 많다. 아무리 우수한 타자라 해도 타율이 0.3대밖에 안 된다. 하지만 투자에는 스트라이크 아웃이 없다. 좋아하는 공이 올 때까지 기다려도 된다. 사람들은 이렇게 좋은 공이 들어오는데 왜 배트를 휘두르지 않느냐고 비난한다. 하지만 기다리는 공이 확실한 타자는 그런 말에 휘둘리지 않고 계속 기다릴 수 있다. 투자 기준이 있다는 건 그런 의미였다.

먼저 목표 수익률을
정한다

지금까지 나의 투자 여정 이야기를 해왔다. 그 과정에서 보았듯 나는 처음부터 '이거다, 이렇게 하면 돈을 벌 수 있다'는 방법을 찾아내고 돈을 번 것은 아니다. 계속 투자하는 과정에서 이런 방법이면 될 것 같다는 기준이 조금씩 생겼고, 그 과정을 반복하면서 길을 걸어왔을 뿐이다. 어쨌든 그 과정을 거치면서 지금까지 만들어진 나름의 투자 기준과 원칙은 존재한다. 그 기준을 돌이켜보았을 때, 가장 중요하다고 생각되는 것은 목표 수익률이다. 목표 수익률이야말로 다른 기준들에 큰 영향을 미치는 기준이다.

어떤 종목에 투자하면 좋을까? 어떤 방식으로 투자하면 좋을까? 투자자들이 관심을 갖는 것은 보통 '무엇에', '어떻게'이다. 그런데 내가 보기에 '무엇에', '어떻게' 투자하느냐보다 더 중요한 게 있다. 투자에서 얼마나 수익을 얻으려 하는가, 즉 목표 수익률이 얼마인가이다. 어디에 투자할 것인지, 어떤 투자법을 사용할 것인지는 목표 수익률에 따라 크게 달라진다.

투자 대상은 정말 많다. 주식시장에 있는 종목들이 모두 투자 대상이다. 한국, 미국, 중국 주식시장에 상장된 종목만도 몇 천 개나 된다. 투자 방법도 무수히 많다. 차트를 보고 투자하는 방법, 재무제표를 주로 고려하는 방법, 경제 기사를 주로 보는 방법 등 다양하다.

그 많은 투자 방법과 종목 중 어떤 것을 사용해야 할지 기준이 필요하다. '이건 해도 된다' '이건 할 필요가 없다' '이건 하면 안 된다' 등을 평가할 수 있는 기준을 갖고 그중에서 자신에게 필요한 것을 걸러낼 수 있어야 한다. 이에 대한 일차적인 기준이 될 수 있는 것이 목표 수익률이다. 자신의 목표 수익률을 기반으로 투자 방법과 종목을 선정할 수 있어야 한다. 목표 수익률이 제대로 설정되어 있지 않으면 그냥 다른 사람들이 좋다고 하는 것에 휩쓸려 투자하게 된다. 또 설사 제대로 투자해서 돈을 벌었다 해도, 용돈 수준의 돈을 벌 수 있을 뿐 큰돈을 벌기는 힘들다.

나의 목표 수익률은 '4년에 2배'이다. 4년에 2배가 될 수 있을 것 같으면 투자를 하고, 안 될 것 같으면 투자 대상에서 제외한다. 4년에 2배가 되려면 연 20% 정도의 수익률을 올려야 한다. 이 수익률은 결코 낮은 목표가 아니다. 세계 최고의 투자가 워런 버핏의 수익률이 연 20%였다. 그러니 4년에 2배는 세계적인 투자가 반열에 오를 수 있는 목표다.

4년에 2배라는 목표가 만들어진 것은, 그래야 내가 원하는 경제적 자유를 달성할 수 있다고 생각했기 때문이다. 투자금이 1억 정도 됐을 때, 계속해서 1년에 7%, 10% 정도의 수익을 달성하면 나중에 어떻게 될지 엑셀 파일로 계산한 적이 있다. 돈은 번다. 하지만 내가 원하는 건 직장을 그만두어도 되는 수준, 경제적 자유를 얻을 수 있는 수준의 돈을 버는 것이었다. 연 7%, 10%의 수익을 매년 올려보았자, 평생 경제적 자유를 얻는 건 불가능했다. 물론 나이 60이 넘으면 직장을 그만두어도 되는 수준의 자금이 만들어지기는 했다. 하지만 그 나이가 되면 어쨌든 직장을 그만두어야 한다. 60이 넘어 직장을 그만두어도 되는 자금이 만들어지는 건 별로 의미가 없다. 그 전에 직장을 그만둘 수 있어야 했고, 그러려면 연 10%보다 더 높은 수익률이 나와야 했다.

1년에 50% 이상의 수익률, 1년에 2배의 수익률을 바라는 건 곤란했다. 세계 최고의 투자가 수익률이 연 20%인데, 내가 그 이상의 수익률을 목표로 할 순 없었다. 그건 내가 투자계에서 세계 최고가 된다는 뜻인데, 그걸 바랄 수는 없었다. 그러나 4년에 2배, 연 평균 20% 정도면 가능하지 않을까 싶었다. 그리고 4년에 2배씩 재산이 늘어나면, 분명 정년 전에 직장을 그만둘 수 있는 자산이 만들어질 수 있었다.

1년에 20%를 목적으로 하지 않고 4년에 2배로 정한 것은, 1년 단위로 20%를 달성할 자신은 없었기 때문이다. 그해에 주식시장이 안 좋으면 플러스 수익률을 달성하는 것 자체가 불가능하다. 특히 장기투자를 염두에 두면 1~2년 정도 하락세를 타는 것을 감수해야 한다. 1년 단위로 20%의 수익률을 달성할 자신은 없었기에 그걸 목표로 할 수는 없었다. 그래서 4년에 2배 수익을 목표로 삼았다. 4년이면 1~2년 하락세를 탄다 해도 반등해 오를 것이라 생각하며 기다릴 수 있었다.

사실 반드시 4년 후에 2배가 될 필요는 없다. 투자는 모르는 것이고, 막상 4년 후가 됐을 때 예상과 달리 2배가 안 되는 경우도 다반사다. 하지만 투자할 때는 4년에 2배가 될 수 있다는 확신은 가질 수 있어야 한다. 실제로 내 경우에는 4년에 2배를 기대하고 투자했지만 종목별로 보면 4년 후에 그보다 수익률이 낮은 것도, 더 높은 것도 있었다. 그런데 전체적으로는 4년에 2배 이상의 수익률이었다. 실제로는 4년에 2배 이상 올랐지만, 그래도 기준은 계속 4년에 2배로 하려 한다. 목표 수익률을 그보다 높게 잡으면 필연적으로 더 위험한 투자를 하게 된다. 나에게는 4년에 2배라는 목표가 맞는 것 같다.

목표 수익률로 누리는
부수적 효과

처음에 나는 '4년에 2배'라는 기준이 대수롭지 않다고 생각했다. 부자가 되려면 이 정도의 수익률은 있어야 한다고, 그러니 이 정도 수익률을 기대할 수 있는 종목에 투자해야 한다고 가볍게 생각했을 뿐이다. 그런데 점점 시간이 지날수록 '4년에 2배'라는 기준이 매우 중요하다는 것을 절감했다. 투자를 할 때 그래도 잘 흔들리지 않고, 이것저것 건드리지 않고, 후회하지 않으면서 한 길로 쭈욱 갈 수 있었던 것은 4년에 2배라는 기준 때문이었다.

4년에 2배라는 목표 수익률이 있을 때 가장 좋은 점은 투자 대상, 투자 방법에 대한 스크린이 된다는 점이다. 투자를 하다보면 크게 가격이 오르는 종목을 만나게 된다. 테슬라가 급등을 하다가 게임스톡이, 그다음에는 이더리움, 리플 등이 급등해 사회적으로 큰 이슈가 되었다. 2025년 여름과 가을에는 한국 주식이 크게 올랐다.

2025년 세계에서 주식이 가장 많이 오른 것은 한국의 KOSPI 시장이다. KOSPI는 2025년 1월 초 2,400에서 12월에 4,200을 넘어섰다. 종합주가지수가 50% 넘게 올랐고, 개별 주식 중에는 2배, 3배 오른 것도 매우 많다. 그런데 나는 미국 주식만 하고 있다. 미국 나스닥 지수는 2025년 1월부터 12월까지 20% 정도 올랐다. 오르긴 했지만 한국 주식의 상승과 비교할 수 있는 수준은 아니다. 많은 사람들이 미국 주식을 팔고 한국 주식시장으로 돌아왔다. 그러면 나도 한국 주식시장으로 돌아와야 하는 것 아닐까?

4년에 2배라는 기준을 가지고 있을 때의 장점은 이런 것에 흔들리지 않게 된다는 점이다. 1년 사이에 몇 배 오른 종목이 있다고 하자. 이런 상승세를 보고 많은 사람들이 뛰어들고, 인터넷, 유튜브 등에서도 아직 늦지 않았으니 지금이라도 그 종목을 사야 한다고 소개한다. 이런 종목에 뛰어들어야 할까, 말아야 할까?

그러나 이런 종목은 지금까지 몇 배 오르는 폭등세를 탔지만 앞으로 몇 십 퍼센트 오를 수는 있어도 2배까지 오를 거라고는 보기 어렵다. 4년에 2배라는 기준이 확고하면 이런 테마주, 급등주, 크게 이슈가 되는 종목은 모두 제외하게 된다.

최근 배당주에 관심을 가지는 사람들이 많다. 배당을 많이 주는 기업은 일단 우량기업이고, 또 배당금은 생활에 많은 도움이 된다. 고배당주뿐만 아니라 고배당 ETF도 인기를 끈다. 하지만 나는 배당주는 쳐다보지 않는다. 배당주가 좋다는 건 알고 있지만, 배당주의 수익률은 많아야 연 7% 정도다. 배당주로는 4년에 2배라는 목표를 달성할 수 없다.

워런 버핏은 자신이 죽은 후 배우자에게 S&P 지수를 따라가는 EFT에 돈을 넣으라고 했다. 미국의 주가지수는 계속 오르고 있다. 그러니 S&P 지수 ETF를 사두면 분명 수익을 올릴 수 있을 것이다. S&P 지수 ETF가 계속 오를 거라는 점에 대해서는 나도 동의한다. 하지만 나의 투자 대상으로는 고려하지 않는다. 4년에 2배까지 오르지 못할 것이기 때문이다. 미국 주가지수는 우상향이긴 하지만 4년에 2배까지는 기대할 수 없다.

공모주를 배당받으면 수익을 얻을 수 있다. 그래서 우량기업이 상장할 때면 많은 사람들이 공모주 신청을 한다. 하지만 나는 공모주도 별로 신경 쓰지 않는다. 상장할 때 공모가보다 오를 것이라는 건 알겠는데, 2배가 오를 거라고는 확신할 수 없다. 마찬가지 이유로 은행, 보험회사, 자산운용사들이 제시하는 펀드 등 수많은 금융 상품에도 눈길을 주지 않는다. 은행 이자보다 훨씬 높은 수익률이라는 것은 알겠는데, 아무리 좋은 금융 상품도 4년에 2배를 제시하지는 않는다.

4년에 2배가 될 수 있는가? 이 기준을 적용하면 투자 대상은 확연히 줄어든다. 투자 방법도 적용할 수 있는 게 별로 없다. 워런 버핏은 투자 종목 고르는 것을 야구에서 타자가 공을 고르는 것에 비유했다. 타자는 자신 있는 코스로 들어오는 공만 치면 안타를 칠 수 있다. 안쪽 높은 볼을 좋아한다면, 안쪽 높은 볼이 올 때까지 기다렸다가 치면 된다. 야구에서는 스트라이크를 세 번 당하면 아웃이다. 스트라이크 아웃을 당하지 않기 위해서는 좋아하지 않는 코스인데도 배트를 휘둘러야 한다. 그래서 야구 타자는 안타보다 아웃이 훨씬 더 많다. 아무리 우수한 타자라 해도 타율이 0.3대밖에 안 된다. 하지만 투자에는 스트라이크 아웃이 없다. 좋아하는 공이 올 때까지 기다려도 된다. 가운데 직구, 느린 직구 등 일반적으로 생각할 때 치기 좋은 공이 들어오기도 한다. 이때 사람들은 이렇게 좋은 공이 들어오는데 왜 배트를 휘두르지 않느냐고 비난한다. 다른 타자들은 모두 이런 공일 때 안타를 치는데 뭐 하고 있느냐고 비웃기도 한다. 하지만 기다리는 공이 확실한 타자는 그런 말에 휘둘리지 않고 계속 기다릴 수 있다. 투자 기준이 있다는 건 그런 의미였다. 투자의 세계에서는 언제나 급등주가 있다. 이슈가 되는 종목, 폭등하는 종목, 인기를 끌어모으는 종목이 있다. 타석에 섰을 때 스트라이크 존으로 계속 공이 들어온다. 그리고 다른 타자들은 그런 공을 쳐서 홈런을 낸다. 급등주에서 높은 수익이 나는 걸 계속 보다보면 나도 그런 걸 잡아야 할 것 같고, 어떻게 하면 급등주에 올라탈지 고민하게 된다. 보통 타자는 스트라이크로 들어오는 모든 공에 배트를 휘두른다. 하지만 좋은 타자는 그러지 않는다. 아무리 스트라이크 한가운데로 들어오는 공이라 해도, 자신이 좋아하는 코스가 아니면 배트를 휘두르지 않는다. 자신이 좋아하는 코스, 잘 치는 코스에만 배트를 휘두른다.

투자 기준이 있다는 것의 장점은 수익을 낸다는 데 있지 않다. 물론 수익도 중요하지만 그보다는 다른 것에 흔들리지 않는다는 점이 더욱 중요하다. 투자의 세계에서는 별의별 사건이 다 일어난다. 대박을 칠 수 있는 기회도 많고, 놓치고 싶지 않은 기회도 많이 생긴다. 그런 것에 일일이 반응하면 투자는 참 피곤해진다. 피곤해져도 큰돈을 벌 수 있다면 상관없는데, 이미 사회적 이슈가 된 종목에 새로 들어가면 앞으로 어떻게 될지 모른다. 하지만 자신만의 확실한 투자 기준이 있으면 이런 이슈에 흔들리지 않고 자신의 길을 갈 수 있다. 별 미련 없이 이런 종목을 보낼 수 있다.

투자 대상을 찾는 것도, 세부적인 투자 방법도, 투자 세계에서 발생하는 여러 소음과 신호들을 구분하는 것도, 다른 종목이 폭등했다는 말에 흔들리지 않는 것도 모두 이 기준에서 파생한다. 투자에서 기준이 중요하다는 것을 점점 더 뼈저리게 느낀다.

4년에 2배 기준은
주식에 어떻게 적용하는가?

목표 수익률을 기준으로 주식 종목을 어떻게 고를 수 있을까? 지금 유행을 타고 막 주가가 오르는 종목이 있다고 하자. 몇 십 퍼센트 오르고 있다. 그걸 따라잡기 해야 할까? 지금 오르는 건 알겠는데, 앞으로 2배까지 오를까? 시간이 흘러 나중에 결과적으로 2배 이상 올랐다는 것을 뒤늦게 확인하는 경우도 간혹 있다. 하지만 오르기 전에 미래를 내다볼 수는 없지 않은가.

처음 가격에서 2배가 오르는 것과, 내가 구입한 가격에서 2배가 오르는 것은 다르다. 보통 사람들이 관심을 가지는 것은 이미 어느 정도 올라 그래프 모양이 상승세가 제대로 잡힌 이후다. 이때 현재 시점의 주가에서 2배 오를 것까지 확신하기란 쉽지 않다. 그래서 나는 이런 종목은 투자 대상에 포함하지 않는다. 이런 종목은 몇 배 오를 수도 있기는 하지만, 그건 내 영역이 아니라고 생각한다.

그럼 어떤 종목이 4년에 2배 오를 거라고 확신할 수 있는가? 주식 가격에 가장 큰 영향을 미치는 요소는 매출과 이익이다. 회사의 업종이 무엇이든, 회사가 인기가 있든 없든 매출과 이익이 오르면 보통 주가는 오른다. 4년에 2배가 되기 위해서는 1년에 20% 정도 증가해야 한다. 물론 한 해에 매출과 이익이 20% 정도 올랐다고 해서 4년 후에 반드시 2배가 되는 건 아니다. 매출과 이익이 꾸준히 1년에 20% 정도 올라야 한다. 이런 기업은 4년 후에 2배가 될 가능성이 높다. 그래서 내 기준은 매출과 이익이 동시에 매년 20% 정도 오르는 기업이다. 매출과 이익이 같이 오르는 것이 포인트다.

매출은 오르는데 이익이 안 나는 경우도 많다. 스타트업 기업들은 많은 경우에 매출은 급격히 증가하는데 적자다. 사회적으로 이슈가 되고 유행을 타긴 하지만 적자인 기업은 제외한다. 이익이 제자리인 기업도 제외한다.

이익은 증가하는데 매출이 제자리인 기업도 있다. 주가에서는 매출보다 이익이 더 중요하긴 하다. 하지만 매출은 늘지 않고 이익만 늘면 장기적인 상승이 가능하지 않다. 4년 동안 추세가 달라질 가능성이 높다. 매출과 이익이 같이 늘어나야 진짜 우량기업이고 성장기업이다. 이런 기준은 일반적으로 말하는 성장주 투자라고 할 수 있다.

주식투자 방식 중 가장 대표적인 두 가지로 논의되는 것이 가치주 투자와 성장주 투자다. 가치주 투자는 기업 가치에 비해 주가가 낮은 종목에 투자하는 것이고, 성장주 투자는 연 20% 이상 매출이 성장하는 기업을 대상으로 한 투자이다. 그런데 일반적으로 이야기하는 성장주 투자는 이익보다는 매출을 중시한다. 설사 지금 적자라 해도 매출이 늘면 어느 순간 시장지배력을 가지게 되고, 그 이후에는 큰 이익을 볼 수 있을 거라는 기대감이 있다. 그래서 설령 현재 적자라 해도 매출 성장세를 보고 투자한다.

그런데 이렇게 매출만 보는 성장주는 성장세가 꺾이면 폭락한다. 폭락할 때의 손해가 워낙 크기 때문에 결국 성장주 투자는 가치주 투자와 전체적인 투자 수익 면에서 별 차이가 없다. 무엇보다 나는 매출만 20% 오르고 이익이 나지 않는 기업이 4년 후 2배가 될 거라고 확신할 수 없다. 매출과 이익이 동시에 연 20% 정도 올라야 한다. 그래서 나는 매출과 이익이 같이 오르는 종목만 고려한다. 이 기준을 적용하면 성장주라고 칭송받는 대부분의 종목이 제외된다. 성장주 투자보다 훨씬 엄격한 기준이다.

구체적으로는 지난 3년 정도 계속 매출과 이익이 연 20%가량 오르는 종목을 고른다. 1년 동안 매출과 이익이 20% 정도 오르는 기업은 많다. 단기간 시장 상황에 따라 어렵지 않게 달성할 수 있는 수치다. 하지만 이런 수치를 몇 년 동안 계속 달성한다면 이야기가 다르다. 정말로 기업이 능력 있고, 제품 경쟁력이 있으며, 시장 상황이 받쳐주어야 3년 연속 매출과 이익이 20%씩 성장할 수 있다. 이렇게 계속해서 실적이 좋으면 앞으로 몇 년 동안은 매출과 이익이 연

20% 정도 오를 것이라고 예상할 수 있다. 앞으로 4년 동안 이 추세가 계속되면 4년 후에는 2배가 될 수 있다.

연 20%보다 연 50%씩 매출과 이익이 오르는 종목은 더 좋지 않을까? 연 50%씩 오르면 2~3년 사이에 주가가 2배 뛸 수 있다. 하지만 나는 연 20%대까지만 살펴본다. 연 30% 이상 매출과 이익이 오르는 기업은 고려하지 않는다. 이유는 간단하다. 연 30% 이상 매출과 이익이 늘 거라고 처음부터 예상했다면 또 모른다. 그런데 이 기업이 연 30%, 50% 성장했다는 걸 알게 되는 시기는 재무제표가 나왔을 때, 즉 실적이 나오고 최소 1년이 경과된 후다. 이때 이 주식을 사면 그 후로 2년 동안 계속 연 30%, 50% 이상 매출과 이익이 증가해야 한다. 그런데 이런 회사는 극히 드물었다. 처음에는 매출과 이익이 크게 성장했지만 곧 매출과 이익이 정체하거나 하락하고, 그에 따라 주가가 폭락하는 경우가 많았다. 결과적으로 연 20% 정도 상승하는 기업은 주식을 산 이후 2배가 되는 경우가 많았다. 하지만 연 30% 이상 상승하는 기업은 이후에 오히려 매출이 감소하면서 주가가 떨어지는 경우가 더 많았다. 지나치게 고성장하는 기업을 피하게 된 이유다.

매출과 이익이 연 20%면
무조건 사야 할까?

'3년 정도 매출과 이익이 연 20% 증가'라는 기준에 맞는 종목은 모두 투자해도 될까? 이런 종목이 거의 없으면 이 조건을 만족하면 투자해도 될 것이다. 한국 주식 중에서는 이런 종목이 그리 많지 않다. 중국 주식에는 예전에는 많았지만 최근에는 별로 없다. 하지만 미국 주식에는 많다.

많다고 해서 몇 백 개가 넘는 것은 아니고, 최소 몇 십 개는 된다. 새로 이 기준을 충족하는 종목도 계속 나온다. 새로 이 기준에 들어맞는 종목만 산다 해도, 몇 년만 지나면 최소 100개 넘는 종목을 보유하게 된다. 투자금이 넉넉하다면 모두 살 수도 있지만, 투자금이 한정된 이상 모든 종목을 다 건드릴 수는 없다. 투자금이 1억이라면, 100개를 사면 한 종목당 100만 원어치를 사는 것이다. 그럼 이 종목이 10배, 텐베거가 된다 해도 1,000만 원, 수익은 900만 원밖에

   5천만 원으로 시작해 100억 부자가 된 최성락의 투자 이야기

되지 않는다. 액수가 의미 있어야 한다. 그러기 위해서는 한 종목당 구입 가격이 좀 더 많아야 하고, 그러려면 투자 종목 수가 이렇게 많으면 안 된다.

처음에 나는 주식을 선정할 때, 이 기준을 만족하는 주식을 대부분 다 사려고 했다. 이 종목들 중 어떤 게 좋고 나쁜지, 더 좋고 덜 좋은지 구별할 수 없었다. 그래서 그냥 모두 다 사놓아보자고 생각했다.

그중 미국에서 주택을 지어 공급하는 부동산 회사 주식이 있었다. 지난 몇 년간 실적이 좋았고 내가 사고 난 후 1년 정도 실적이 좋았다. 그런데 그 이후에 실적이 안 좋아졌다. 주가도 처음에는 효자 종목이었는데 실적이 안 좋아지면서 불효자 종목으로 바뀌었다. 이유는 어렵지 않게 알 수 있었다. 부동산은 경기를 탄다. 경기가 좋을 때는 집을 많이 짓지만, 경기가 안 좋아지면 집을 많이 짓지 않는다. 경기가 좋은 몇 년간은 부동산 매출과 이익이 계속 오른다. 하지만 경기가 안 좋아지면 부동산 매출과 이익이 계속 성장하기가 어려워진다. 아무리 기업의 경쟁력이 강하다고 해도, 부동산 경기가 나빠지면 매출과 이익에 한계가 있다.

이 기준을 만족하는 한국 반도체 장비 회사가 있었다. 기술력 있고 튼튼한 회사라서 높은 매출과 이익을 수년째 달성하고 있었다. 한국 기업들 중에서 압도적인 실적을 내고 있었기에 이 회사 주식도 샀다. 그런데 1~2년 지나자 반도체 경기가 안 좋아졌다. 이런 경우 반도체 판매 회사보다 장비 회사가 더 큰 타격을 입었다. 수년 동안 계속 놀라운 실적을 내던 회사였는데 매출과 이익이 수직 낙하했다. 물론 주가도 폭락했다.

경기가 좋을 때 주식을 사고 경기가 나쁠 때 주식을 파는 방식이라면 괜찮을 것이다. 그런데 내 기준은 이전에 몇 년 동안 매출과 이익이 좋은 것을 고르는 방식이다. 지난 몇 년간 좋았고, 또 앞으로 몇 년간 계속 좋아야 이익을 볼 수 있다. 하지만 경기에 따라 순환하는 업종의 경우, 지난 몇 년간 실적이 좋았다고 구입하면 이후에 경기 하강기가 닥치기 때문에 실적이 안 좋아질 가능성이 커진다. 몇 년 간격으로 경기가 좋아졌다 나빠졌다 하는 순환 산업은 설사 기준을 충족한다 해도 건드리면 안 된다.

주식을 사기 전 3년 정도, 주식을 산 이후에도 최소 4년 정도 계속 실적이 좋아야 한다. 그래야 4년에 2배의 이익을 기대할 수 있다. 그래서 처음 부동산 회사, 반도체 장비 회사 주식의 실적 변동을 경험한 후에는 회사 실적이 경기 순환에 의해 좋은 것인지 여부를 고려한다.

또 다른 고려 사항도 있다. 미국 회사 중 경찰에 장비를 공급하는 회사가 있었다. 왜인지 모르겠는데, 지난 몇 년간 실적이 굉장히 좋았다. 기준에 들어맞았다. 그런데 이 회사가 앞으로 몇 년 동안도 계속 실적이 좋을까? 경찰은 규모가 한정돼 있다. 처음에 우수한 장비가 도입되어 경찰들 사이에 확산되는 동안에는 실적이 좋을 것이다. 그런데 대부분의 경찰이 장비를 다 갖추게 되면 그때는 실적이 더 오르기 힘들다. 농기구 트랙터 회사가 실적이 좋았다. 미국 농부들 사이에서 인기 있는 트랙터를 출시했나 보다. 그런데 트랙터 회사가 계속 실적이 좋을 수 있을까? 많은 농부들이 트랙터를 구입하면 그때부터는 실적이 오르기 어렵다. 미국 농부들이 다 산 다음에 외국 농부들도 사준다면 실적이 계속 오를 수 있다. 하지만 미국 트랙터가 외국에 대량으로 수출되길 기대하기는 어렵다.

일반 소비재 품목은 어떨까? 미국의 한 주에서 히트하는 햄버거 가게가 있다고 하자. 이 가게가 다른 주에 파급되면서 급격하게 성장했다. 미국은 넓고 미국 전역에 햄버거 가게가 들어설 때까지 매출은 계속 성장할 것이다. 다른 나라는 보통 여기서 끝이다. 한국의 경우, 서울에서 히트한 가게가 전국에 퍼져 몇 백 개의 점포가 들어서면 더 이상의 성장은 어렵다. 그런데 미국은 좀 다르다. 미국에서 히트한 햄버거 가게는 곧 다른 나라로 진출한다. 세계적으로 지명도 있는 가게가 될 수 있다. 이러면 4년을 넘어 10년 이상 성장이 가능하다. 확장성이 있다. 이런 기업이라면 사도 된다.

무엇보다 확장성이 높은 기업은 IT 분야였다. 인터넷, 컴퓨터 관련 회사는 미국 내에서 고성장을 이루고 나서 다른 나라로 파급될 수 있다. 보통은 자국에서 포화상태가 되면 매출과 이익 증가가 정체되기 마련인데, IT 분야는 자국의 한계를 넘어 세계로 진출하면서 매출과 이익이 장기간 증가할 수 있다. 구글, 페이스북, 넷플릭스 등이 계속 성장하는 것은 시장이 미국뿐만 아니라 세계를 대상으로 하기 때문이다. 애플도 세계 시장을 석권하기 전까지는 매출이 계속 증가했다. 세계인 모두가 애플을 사용하면서 더 이상 매출이 증가하지 않게 되었다. IT 분야는 세계인이 다 사용할 때까지 매출 증가를 기대할 수 있다. 그래서 결국 내가 보유하는 기업은 대부분 IT 관련 업종이 되었다. 매출과 이익이 연 20% 정도 오르는 기업 중 IT 분야 기업들이다. IT 기업은 지난 3~4년 동안 계속 매출과 이익이 오르고 나서도 앞으로 4년 이상 오를 가능성이 높다. 즉, 내가 주식을 산 이후에도 실적이 좋아 계속 2배 이상의 수익을 기대할 수 있다. IT 외의 분야에서는 지난 3~4년은 실적이 좋지만, 주식을 산 다음에도 4년 이상 계속 실적이 좋기가 어려웠다. 처음 1~2년은 실적이 좋더라도, 3년 이상 지나면 대부분 실적이 안 좋아졌다. 매출과 이익이 연 20% 이상 10년 가까이 계속 성장하는 것은 정말 힘든 일이었다. 그런데 미국 IT 기업 중에는 그런 기업들이 심심치 않게 나왔다.

바이오의약도 한 나라에서 다른 나라로 파급되면서 지속적인 성장이 가능할 것 같다. 그런데 이상하게 바이오의약은 해외 진출이 쉽지 않은 것 같다. 의약품은 어느 나라나 강력히 규제하는 영역이다. 아무리 미국에서 히트 친 제품이라 하더라도, 한국에 도입하기 위해서는 심사를 처음부터 다시 받아야 하는 등 여러 제약이 따른다. 코로나 사태 때 코로나 치료제나 곧바로 전 세계로 파급됐지, 보통 의약품은 그렇게 파급되는 게 아니었다. 그래서 바이오의약은 제외한다.

결국 매출과 이익이 연 20% 정도 오르는 종목 중 IT 기업 위주다. 가끔가다 소매 관련 업종이 추가되기도 한다. 하지만 주력은 IT 업종이다. 내가 IT 업종을 좋아한다기보다는 향후 지속적인 성장을 기대할 수 있는 종목을 원하는데, 그것을 만족하는 업종이 IT 분야였다.

매출과 이익이 연 20% 증가해도 이런 종목은 피한다

　매출과 이익이 연 20% 정도 증가하더라도 매수 후보에 넣지 않는 조건이 몇 가지 더 있다. 하나는 미국에 상장되어 있긴 하지만 미국 기업이 아닌 기업이다. 정확히 말하면 미국을 대상으로 사업을 하는 기업이 아니라, 다른 나라를 기반으로 사업을 하는 외국 기업이다.

　주식시장이 과열인지 아닌지를 판단하는 기준 중에 워런 버핏 지수라는 게 있다. 워런 버핏은 주식시장 상장기업의 시가 총액이 국가의 GDP와 같은 정도가 적당한 수준이라고 말한 적이 있다. 이때 주식시장 시가 총액이 국가 GDP보다 높으면 버블이다. 2025년 현재 미국의 버핏 지수는 215%이다. 미국 주식시장 상장기업의 시가 총액이 미국 GDP의 2배가 넘는다. 현재 미국 주식시장은 과대 평가되어 있다, '버블'이라고 말할 때 주요 근거 중 하나다.

그러나 나는 버핏 지수는 더 이상 미국 주식시장의 버블을 판단하는 기준으로 사용할 수 없다고 생각한다. 워런 버핏이 이 기준을 이야기한 것은 2001년이다. 그때는 나름대로 타당성이 있었다. 하지만 지금은 다르다. 그때와 현재의 가장 중요한 차이점은 미국 기업이 아니고, 미국에서 사업을 하지도 않는데 미국 주식시장에 상장하는 기업들이 굉장히 많아졌다는 점이다. 미국은 전 세계에서 가장 돈이 많고 투자 자금도 많다. 그래서 다른 나라에서 사업을 하는데도 미국 주식시장 문을 두드리고, 미국에서 상장하는 경우가 많아졌다. 쿠팡은 한국에서 사업을 한다. 하지만 쿠팡은 한국이 아니라 미국 주식시장에 상장되어 있다. 미국에 지사를 두고 작게나마 사업을 하고 있는 것도 아니다. 한국에서만 사업을 하는데도 미국 시장에 상장되었다. 주된 이유는 한국보다 미국 주식시장이 끌어들일 수 있는 자본금 규모가 훨씬 더 크기 때문이다. 한국의 쿠팡뿐만이 아니다. 미국에서 사업을 하지 않는 많은 외국 기업이 미국 주식시장에 상장되어 있다. 이것은 미국 GDP와 상관없이 미국 주식시장의 규모를 증가시키는 주요 원인이다. 일단 매출과 이익이 연 20%씩 증가해 나의 관심 영역에 들어왔다고 하자. 그런데 회사 소개를 보니 미국에서 영업하는 회사가 아니다. 남미에서 가장 큰 전자상거래 업체, 인도에서 사업하는 회사, 중국의 주요 기업 등이다. 그러면 제외한다.

제외하는 이유는 별다른 게 아니다. 내가 믿는 것은 미국 시장이다. 미국은 시장 규모가 커서 연 20% 이상 고성장을 10년 이상 지속할 수 있는 기업들이 많이 나올 수 있다. 또, 정부가 기업 친화적이라 기업이 좀 컸다고 정부가 개입해 발을 걸거나 하는 일이 드물다. 미국 이외의 다른 나라는 이런 고성장을 장기간 계속할 수 있는 시장 규모가 안 된다. 무엇보다 정부 규제 리스크가 크다. 한국의 쿠팡만 해도, 기업이 대기업 수준으로 성장하니 쿠팡 CEO를 재벌 총수로 지정하는 문제가 대두되었다. 한국에서 재벌 총수로 지정되면 기업 전체에 많은 규제가 새로 적용된다. 기업의 성장을 막는 여러 제도들이 작동하기 시작해 지속적인 매출과 이익 증가를 기대하기가 어려워진다. 비단 한국만이 아니라 대부분의 나라들이 그렇다. 남미 국가들만 해도 정부와 강력한 끈이 없으면 대기업 운영은 어렵다. 그런 상황에서 정권이 바뀌거나 하면 어떻게 될지 모른다. 그러니 아무리 고성장하고 있다 해도 미국 시장이 아닌 다른 나라를 주 무대로 사업하는 기업은 거른다. 정부의 딴지 걸기 없이 장기간 계속 성장할 수 있는 시장은 미국 시장밖에 없을 것이다.

물론 미국에도 정부의 딴지 걸기가 있긴 하다. 그런데 미국 정부의 딴지 걸기는 미국 기업이 완전한 독점력을 갖추면서 세계적인 기업으로 성장했을 때나 시작된다. 그리고 미국 정부가 딴지 걸기를 시작하더라도, 시장과 기업의 힘이 커서 사업에 별 영향을 미치지 못하는 경우가 대부분이다. 2025년, 테슬라의 일론 머스크는 트럼프 대통령에게 대들고 모욕까지 했다. 다른 나라였다면 테슬라,

스페이스 X 등 일론 머스크의 기업들은 망했을 것이다. 하지만 미국에선 그런 일이 벌어진 후에도 미국 정부가 여전히 스페이스 X와 계약하고, 테슬라는 오히려 일론 머스크를 다시 CEO로 영입했다. 이게 미국 기업과 다른 나라 기업들과의 본질적인 차이다. 다른 나라 기업들은 정부 리스크가 크기에 항상 정부를 염두에 두어야 한다. 그러나 미국에서는 기업의 힘만 보면 된다.

또 하나의 기준은 PER이 지나치게 높은 기업이다. PER이 100을 넘으면 아무리 매출과 이익이 연 20% 이상 성장하고 있더라도 매수 후보에서 제외한다. 처음에 나는 PER 수치는 고려하지 않았다. PER에 상관없이 매출과 이익이 오르면 구입하려 했다.

원칙적으로 PER은 20 정도일 때 적당하다고 생각한다. 고성장 주식일 경우 30~40도 무난하다. 그러나 아무리 성장 기업이라 해도 60 이상은 과대평가되었다고 생각한다. 그런데 좀 과대평가되면 어떤가? 계속 매출과 이익이 성장하면 현재 주가가 과대평가되었다 해도, 2~3년 후에는 적정 가격이 된다. 그 후에도 성장하면 어쨌든 주가는 지금보다 오른다. 또 지금 과대평가된 거라 해도 앞으로도 계속 과대평가된다면 주가는 계속 오를 것이다. 그런 생각으로 PER은 고려하지 않았다. 그런데 2022년 미국에서 금리 인상이 시작되면서 미국 주식이 폭락했다. 나스닥 지수가 16,000에서 10,000대까지 떨어졌다. 이때 모든 기업이 다 폭락했기에 폭락 자체는 특별한 게 아니었다. 그런데 고 PER주들은 아주 대폭락을 했다. PER이

200인 경우, 주가가 반토막이 나도 PER 100이다. 4분의 1 토막이 나도 PER 50으로 여전히 고평가다. 고 PER주가 적정 PER인 20대까지 떨어진 경우는 거의 없었지만, PER 100에서 50으로 감소하기만 해도 반토막이다. 고 PER주는 위기 상황에서 굉장히 약했다. 하락 폭이 몹시 컸고, 그 이후 시장이 안정화되어 회복한다 해도 원래 가격까지 오르기는 어려웠다. 설사 원래 가격까지 오른다 해도 폭락 전 가격을 기준으로 4년 사이 2배가 되기는 힘들었다. 그런 경험을 거치면서 PER이 지나치게 높은 기업은 피하게 되었다. PER이 100이 넘으면 아무리 유망하고 고성장하는 좋은 기업이라 해도 제외한다. 이런 기업은 경제 위기 등이 닥쳐서 PER이 20~40 정도 떨어졌을 때 구입하는 게 좋은 것 같다. 그래서 결국 주식의 경우 매출과 이익이 연 20% 이상 3년 정도 성장하는 기업을 찾는데, 요약하면 다음과 같다.

- 앞으로도 4년 넘게 연 20% 이상 성장이 가능한 시장이어야 함. 결국 IT 업종이 가장 적당
- 미국이 아닌 다른 나라에서 사업하는 경우 제외
- PER이 100 이상인 주식 제외

앞으로 경험이 증가하면서 또 다른 기준이 만들어질지 모르겠다. 아무튼 현재 내가 고려하는 기준은 이렇다.

한두 종목 떨어져도
중요한 건 총액이다

매출과 이익이 연 20% 정도 오르는 기업, 그리고 앞으로 확장성에 문제가 없어 보이는 등 내가 정한 기준을 만족하는 주식을 샀다고 하자. 그런데 그 주식이 제대로 오르지 않는다. 심지어 내리기도 한다. 평균 연 20% 정도 오를 것을 기대했는데, 오히려 마이너스 수익을 내고 있다. 그럼 속상하지 않을까? 속상한데도 그 주식을 계속 들고 있어야 할까? 그 기분 나쁨은 어떻게 버텨내야 할까?

매출과 이익이 연 20% 정도 오르는 기업의 주식을 샀는데 그게 떨어지는 경우는 적지 않다. 가장 일반적인 것이 그동안 매출과 이익이 계속 오르고 있었는데, 내가 산 후에 두 가지가 동시에 떨어지는 경우다. 매출과 이익이 떨어지면 주가도 떨어진다. 가장 당혹스러운 것은 매출과 이익은 계속 오르는데 주가는 떨어지는 경우다. 매출과 이익이 올라가면 주가도 올라갈 것 같은데, 그러지 않고 주가가 떨어지는 경우도 심심찮게 있다. 이론적으로는 이해되지 않을 수 있는데 현실에서는 그런 일이 벌어진다. 이 경우, 주가이익 비율인 PER은 계속 떨어진다. PER이 40대이던 기업이 20대로 떨어지면 매출과 이익이 오르더라도 주가는 거의 반토막 난다. 이런 경우가 가장 곤란하다.

어쨌든 이렇게 기대했던 종목의 주가가 떨어지면 나는 어떻게 반응하는가? 포트폴리오상에서 이 종목을 제외하거나 비중을 줄이는가? 아니면 속상하지만 원칙을 지키기 위해 그냥 들고 있는가? 나는 그냥 들고 있는다. 매출과 이익이 오르는 한 계속 보유한다. 구입한 종목의 주가가 떨어지면 속상하지 않은가? 별로 속상하지 않다. 나의 목표는 4년에 2배의 수익을 올리는 것이다. 내가 구입한 것 중 한두 종목이 오르는 게 아니다. 그래서 각 종목이 오르는지 떨어지는지 별로 신경 쓰지 않는다. 내가 신경 쓰는 것은 총액이 4년 사이에 2배가 되는가이다.

무슨 말이냐 하면 A, B, C, D 네 종목을 보유하고 있다고 해보자. 이 중 A 종목이 폭락했다. 그럼 A 종목이 왜 폭락하는지 알아보고, A 종목을 어떻게 처리할지 고민해야 할까? 내가 A 종목에서 이익을 보는 게 목적이라면 그렇게 해야 한다. 하지만 난 A 한 종목에서 이익 보는 게 목적이 아니다. A, B, C, D 네 종목 전체적으로 이익을 보는 게 목적이다. 그러니 A 종목이 떨어지든 말든 신경 쓰지 않는다. A 종목은 떨어지더라도 B, C, D 종목에서 이익이 나면 되는 것

     5천만 원으로 시작해 100억 부자가 된 최성락의 투자 이야기

이다. 마찬가지로 B 종목이 폭등했다고 하자. 그러면 B 종목에 보다 관심을 기울이고 B 종목 비중을 늘려야 할까? 아니면 B 종목 폭등 후에 폭락이 올 것 같으니 B 종목을 좀 팔아야 할까? 그런 고민도 하지 않는다. 내가 생각하는 것은 A, B, C, D 전체에서 적정 이익이 나는가뿐이다. 그중 한 종목이 폭등하고 말고는 별 상관없다.

그래서 나는 개별 종목의 수익률이 어느 정도인지 잘 알지 못한다. 넷플릭스, 엔비디아 같이 10배 이상 오른 종목은 워낙 고수익이라 특별한 경우이기에 기억한다. 그런데 이것 말고 2, 3배의 수익률을 올린 종목들도 많다. 구글, 아마존 등에서도 몇 배의 이익이 났고, 중국 주식에서도 몇 배 이익이 난 종목들이 많다. 하지만 그게 어떤 종목인지, 종목별 수익률이 대충 어느 정도인지는 잘 모른다. 전체적으로 얼마의 이익이 나는지만 파악했지, 개별 종목의 수익률은 별로 신경 쓰지 않기 때문이다.

이렇게 개별 종목 수익률은 보지 않고 전체 수익률만 보는 방식의 장점 중 하나는, 무엇보다 개별 종목의 오르내림과 손실에 별로 영향을 받지 않게 된다는 점이다. 주식을 하다보면 개별 종목 주가의 오르내림에 따라 감정도 희로애락을 거친다. 하지만 개별 종목이 아니라 총액을 보면 개별 종목의 움직임에 따른 감정의 기복이 적어진다. 상대적으로 편한 마음으로 투자할 수 있다.

무엇보다 좋은 것은, 이렇게 총액만 고려하는 현재의 투자 방법이 내 목적 달성에 도움이 되는지 안 되는지를 피드백할 수 있다는 점이다. 이렇게 나의 투자 성적을 판단하는 기준은 총액 기준이다. 나는 이런 투자 방식이 더 맞다고 생각한다. 내가 똑똑하다는 것을 보여주기 위해서는, 내 선택이 제대로 되었다는 것을 보여주기 위해서는 내가 고른 종목이 떨어지지 않고 크게 올랐다는 것을 보여주어야 한다. 하지만 부자가 되기 위해서는 그런 것은 중요하지 않다. 원하는 수준으로 총 자산이 늘었는가, 아닌가만 중요하다. 이게 투자의 기본 관점이 아닐까 한다.

비트코인, 부동산에도 '4년에 2배'라는 투자 기준이 적용될까?

비트코인에는 매출이나 이익이 없다. 매출과 이익 증가가 없으니 주식과 달리 4년 후 2배가 된다는 보증이 없다. 그런데 왜 나는 비트코인 투자를 하고 있는가? 비트코인의 경우에는 4년에 2배라는 투자의 기본 조건이 필요 없는 것일까? 그렇지 않다. 비트코인이 아무리 그 자체로 매력적인 대상이라 해도 비트코인 역시 투자재다. 내가 비트코인을 가지고 있는 가장 큰 이유는 비트코인 가격이 오르기 때문이다. 비트코인이 투자재인 이상 투자의 기본 기준은 만족해야 한다.

비트코인을 처음 구입할 때인 2014년 무렵, 비트코인 가격은 50만 원대였다. 당시 나는 앞으로 비트코인이 1억 원은 넘을 수 있을 것이라고 예상했다. 그때 내가 비트코인이 크게 오르는 시기로 예상한 것은 2024~2025년이었다. 2014년에 비트코인을 살 때,

2016, 2020, 2024, 2028년에 반감기가 예상되어 있었다. 2014년도에는 비트코인 공급량이 10여 분에 25개였는데 2024년도 반감기가 되면 비트코인 공급량은 10여 분에 3.125개로 감소한다. 이 정도로 공급이 감소하면 비트코인 가격은 폭등할 것이라고 생각했다. '비트코인은 2024년도에 1억 원은 간다. 그러니 10년은 보유하자'는 것이 2014년도의 생각이었다. 2014년도에 비트코인 1개에 50만 원이었는데, 2024년도에 1억이 된다면 10년 동안 200배 오르는 것이었다. 4년에 2배보다 훨씬 더 높은 상승률이다. 비트코인은 매출과 이익 증가는 없지만, 그래도 그만큼은 오를 거라는 확신이 있었다.

그럼 지금은 어떤가? 비트코인은 2014년의 '1억까지는 오른다'는 예상은 이미 달성했다. 2025년 10월 현재 비트코인은 1억 6,000만 원 수준이다. 그럼 앞으로도 4년 사이에 2배가 오를 수 있다고 보는가? 만약 지금도 4년 사이에 2배가 오를 수 있다고 생각한다면, 그 근거는 무엇인가?

나는 1년에 한두 번 내가 보유한 모든 종목을 검토한다. 그중 빼야 할 게 있는지, 앞으로 4년에 2배 오를 가능성이 높은지, 낮은지를 살펴본다. 이때 4년에 2배가 될 가능성이 없다고 여겨지는 종목은 매도한다. 종목을 추가하는 건 좋은 종목이 발견될 때마다 할 수 있지만, 보유 종목에서 빼는 건 이렇게 1년에 한두 번 모든 종목을 검토할 때다.

올해도 모든 종목을 늘어놓고 그중 4년에 2배가 될 가능성이 가장 높은 것, 가능성이 없는 것을 체크했다. 그중에서 앞으로 4년 사이에 2배가 될 가능성이 가장 높다고 생각된 것은 무엇일까? 10여 개 정도의 종목 중에서 4년에 2배 될 가능성이 가장 높다고 판단된 것은 다름 아닌 비트코인이었다. 연 20% 정도 매출과 이익이 나는 주식들도 있었지만 그래도 비트코인이 더 가능성이 높아 보였다.

현재 매출과 이익이 20% 정도 오른다 하더라도 한계가 있다. 지금은 매출과 이익이 20% 오르지만 내년, 후년에도 계속 오를까? 지난 몇 년간 계속 올랐으니 앞으로도 그럴 가능성이 높다고 생각하지만 확실한 것은 아니다. 앞으로 4년 동안 계속 이렇게 올라줘야 하는데, 그러지 못할 가능성도 높다. 또 매출과 이익이 오른다고 반드시 주가가 그만큼 오르는 것도 아니다. 오를 가능성이 높긴 하지만 주가가 매출과 이익 증가세를 반영하지 못할 수도 있다. 다른 기준보다 확률이 높다는 것이지 확실한 것은 아니다.

그런데 비트코인은 매출과 이익 증가보다 더 확실한 이벤트가 있다. 4년에 한 번씩 오는 반감기다. 반감기 때 비트코인 공급량은 반으로 줄어든다. 2025년 현재는 1블럭이 새로 생길 때 3.125개가 공급되지만, 2028년 반감기를 지나면서부터는 1블럭당 1.5625개로 줄어든다. 이건 분명하고 또 변경될 수 없는 사항이다. 공급이 이렇게 줄면 현재의 수요 추세가 지속된다고 할 때 가격이 2배 오르는 건 충분히 예상할 수 있다. 수요가 앞으로 크게 증가할 필요도 없다. 지금의 수요가 지속된다고만 해도 공급량이 반으로 줄면 가격은

2배 정도 뛴다.

그러면 비트코인 이외에 다른 코인들은 어떨까? 이더리움, 리플 등은 4년에 2배 오를 수 있을까? 오를 수도 있다. 하지만 왜 오를 거라고 생각하는지 묻는다면 대답할 거리가 없다. 수요가 증가해서? 수요는 증가할 수 있다. 하지만 그것만으로 4년 사이에 2배가 될 거라는 확신을 갖기는 힘들다. 비트코인은 앞으로 4년 이내에 반감기를 거칠 것이기 때문에 2배 이상이 될 수 있다. 그런데 알트코인들은 대부분 반감기가 없다. 또 매출과 이익이 오르는 것도 아니다. 알트코인에 대해서는 오를 거라고 확신을 가질 만한 근거가 없다.

비트코인캐시 같이 비트코인에서 파생된 알트코인은 비트코인과 똑같이 반감기가 있다. 비트코인과 공급량이 같고, 반감기도 같으니 비트코인캐시도 4년 내에 2배가 될 수 있지 않을까? 그런데 가격은 공급과 수요에 의해 결정된다. 공급은 고정이라 해도 수요도 고정이면 가격은 변화가 없다. 비트코인은 공급이 고정이면서 수요가 증가하기 때문에 가격이 오르는 것이다.

비트코인 공급이 반으로 줄어드는 반감기가 지나면서 가격이 2배가 될 거라고 예상하는 데에는 또 하나의 전제가 필요하다. '수요가 지금과 같은 추세라면'이다. 비트코인은 현재 수요가 계속 증가하기에 지금의 수요가 지속되면 반감기가 지나고 나서 가격이 2배 증가한다는 예상이 가능하다. 하지만 비트코인캐시는 현재 수요가 별로 증가하지 않기에 공급이 감소하더라도 가격이 오를 거라는 확신을 갖기가 어렵다.

결국 비트코인의 경우, 4년에 2배가 될 수 있는가, 없는가는 수요가 앞으로도 계속 증가하는가, 못하는가에 달려 있다. 현재는 비트코인 수요가 기관투자가, 기업들 사이에서 증가 추세이고, 이 추세가 지속된다면 반감기를 지나면서 2배 이상의 가격 상승을 바라볼 수 있다. 만약 비트코인 수요가 더 이상 증가하지 않고 감소한다면, 그때는 심각하게 다시 생각해보아야 할 것이다.

어쨌든 비트코인은 2028년 다시 한번 공급이 반으로 줄어드는 반감기를 겪게 된다. 현재의 수요 추세가 계속되면 반감기 이후에 가격 상승을 기대할 수 있다. 2028, 2029년에 2배 정도의 가격 상승은 바랄 수 있으니 앞으로 4년 사이에 2배의 기준은 충족된다. 그래서 비트코인은 매출과 이익 증가가 없어도 계속 투자 대상이 될 수 있다.

그럼 부동산은? 나는 부동산도 많이 가지고 있다. 부동산도 앞으로 4년 사이에 2배가 증가할 것으로 보는가? 오르기는 할 것이다. 그러나 4년 사이에 2배가 될 거라고 생각하지는 않는다.

내가 보유한 주요 부동산은 모두 서울 강남에 있다. 한국 부동산에서 내가 믿는 건 '강남 부동산은 오른다'는 것, 단 한 가지다. 하지만 4년에 2배까지는 아니다. 그동안 강남 부동산이 많이 올랐다고 난리를 치지만 4년에 2배 비율로 오르지는 않았다.

나의 투자 원칙대로라면 부동산은 팔아야 한다. 팔고 주식으로 투자 대상을 바꿔야 한다. 그러나 팔 수 있는 부동산이 없다. 어머니, 처갓집이 살고 있고, 또 상속받아 공동소유인 부동산이다. 부동산은 처음 살 때도 그렇고 운영도 그렇고, 나의 투자에서 계속 예외사항이다. 그냥 안고 가야 한다고 생각한다.

6장

100억 부자를 만든 투자법

후배가 산 A 주식은 나도 보유한 종목이다. 나도 A가 유망하고 많이 오를 거라고 기대한다. 그러나 나는 후배의 투자법이 조금 불안했다. 후배는 딱 한 종목만 샀다. 많은 후보 종목 중에서 가장 좋아 보이는 종목 한 가지에만 '몰빵'한 것이다. 투자는 확률 게임이다. 확률 게임에서 몰빵은 금물이다. 여러 종목으로 분산해야 한다.

언제
팔아야 할까

그동안 주식에서 큰 수익이 난 경우가 몇 번 있다. 넷플릭스도 10배 이상 올랐고, 엔비디아도 15배 이상 올랐다. 나는 구입 가격에서 10배가 오른 종목, 소위 텐베거가 지금까지 5개 있다. 이렇게 몇 배의 수익을 올린 것을 보고 주위에서 많이 물어본다.

"어떻게 그렇게 오를 때까지 팔지 않고 계속 가지고 있었어요?"

주식투자 하는 사람들을 보면 대부분 20~30% 수익이 나면 판다. 50% 수익까지 버티는 것도 어려워한다. 2배 이상의 수익을 원한다고 말하는 사람이 많지만 막상 2배 오를 때까지 기다리지는 못한다. 몇 십 퍼센트 수익이 나면 팔고 만다.

그런 결정을 이해는 한다. 몇 십 퍼센트 올라서 만족할 만한 수익이 났는데 여기서 다시 떨어지면 어떻게 하는가? 그러면 지금까지 얻었던 이익이 다 날아간다. "번 돈에서 감소한 것이니 상관없는 것 아닌가? 현금화되지 않은 건 진짜 수익이 아니니 속상할 것도 없지 않은가?" 이렇게 말하는 사람들도 있지만, 그건 자기 일이 아니기 때문에 하는 말이다. 순수하게 자기 돈이 손실을 봐도, 번 돈이 줄어들어도 속상하긴 마찬가지다. 순수한 손실이 더 괴롭긴 하지만 말이다.

내가 몇 배가 올라도 팔지 않을 수 있는 것은 매수·매도 기준이 있기 때문이다. 나는 4년에 2배가 되는 게 불가능하다고 여겨지면 판다. 50% 수익을 달성하면, 상승세가 꺾이면, 이동평균선이 내려가면 파는 것이 아니다.

그래서 내가 보유한 종목 중에는 손실로 표시되는 종목들도 적지 않다. 오를 거라 예상해서 샀는데 거의 제자리인 종목도 있다. 하지만 지금 상태가 어떤지, 지금까지의 주가 실적이 어떠했는지는 고려하지 않는다. 앞으로 4년 후에 2배만 생각한다. 지금 아무리 손실 상태라 해도 4년 후에 2배 달성이 가능하다고 생각되면 그대로 둔다. 여기서 중요한 것은 현재 가격에서 2배이다. 이전의 구입 가격, 손실 나기 전 가격에서 2배가 아니다. 산 지 1년 만에 구입 가격에서 반타작 났다고 하면, 원래 기준으로는 앞으로 3년 사이에 4배가 되어야 한다. 그래야 처음 살 때 당시의 '4년에 2배' 기준을 만족한다. 하지만 나는 그런 식으로 기준을 적용하지 않는다. 과거의 가격과 상관없이 현재 가격을 기준으로 4년에 2배다. 현재를 기준으로 앞으로 4년 후에 2배가 될 수 있다면 그대로 둔다.

　　　　　　　

보통은 1년 사이에 손해가 났다 해도, 앞으로 4년 사이에 2배가 되지 않을까 하는 기대는 별로 달라지지 않는다. 주가는 떨어졌지만 기업 실적은 여전히 괜찮은 경우가 대부분이다. 실적은 그대로인데 주가가 반으로 떨어지면 PER도 반으로 떨어졌다는 뜻이다. 지난 1년 동안은 주가가 떨어졌지만 앞으로는 오를 확률이 더 높아진다. 실적이 폭망하고 나아질 기대도 없다면 팔아야 하지만, 실적은 그대로이고 주가만 떨어졌다면 그건 오히려 매수 기회가 될 수 있다.

주가가 폭등을 했어도 팔지 않는 이유 역시 동일하다. 주가가 폭등해도 앞으로 4년 사이에 2배를 계속 기대할 수 있으면 그대로 간다. 앞으로 1년 내에 수익을 바란다면 매매는 폭락과 폭등의 영향을 많이 받는다. 하지만 4년을 내다보면 이런 폭락과 폭등은 별 상관이 없어진다. 보다 마음 편하게 투자할 수 있다.

막상 보유한 지 4년이 되어도 마찬가지다. 이때까지 정말로 예상대로 2배가 됐는지, 그렇지 않은지는 따지지 않는다. 이때부터 앞으로 4년 후에 2배가 될 수 있는가, 그것이 기준이다. 지금까지 4년간 보유했고, 2배가 되지 않았다 하더라도, 앞으로 4년 후에 2배가 될 수 있을 거라고 생각하면 그대로 보유한다. 4년간 보유한 주식이 5배가 됐어도, 앞으로 4년 후 2배가 될 거라 생각하면 그대로 가지고 있고, 4년 후 2배가 되기 어렵다고 생각하면 매도한다.

처음부터 이런 기준이 만들어진 것은 아니다. 보유한 주식이 폭락하고 폭등할 때마다 어떻게 해야 할지 수없이 고민하고 갈등해왔다. 폭락, 폭등뿐만 아니라 오래 보유한 주식이 올라가지 않고 제자리걸음만 하고 있어도 고민이 많아진다.

가장 좋은 것은 떨어지기 전에 그 타이밍을 알아내서 팔고, 올라가기 전에 사는 것이다. 그러나 내 경험상 그건 불가능했다. 그게 가능한 사람이 있을지 모르지만, 내 능력 밖인 것은 분명했다. 최고의 수익을 얻는 방법은 아닐지 모르지만 어쨌든 내게는 이런 기준으로 매매하는 게 원하는 수익도 얻으면서 마음을 졸이지 않는 방법이었다. 특히 시장 상황, 주가의 단기적인 움직임에 따라 마음이 왔다 갔다 하지 않게 된 게 중요했다. 이것보다 더 나은 매매 기준, 보다 덜 힘든 매매 기준이 새로 만들어지기 전에는 이 기준을 계속 적용하려 한다.

일탈하는 투자도
있다

나는 투자 기준에서 가끔 일탈도 한다. 대부분은 앞에서 말한 방법을 고수하지만 가끔 이 조건에 해당하지 않는 종목을 구입한다. 나 스스로는 이런 투자를 '일탈'이라고 생각한다. 스스로 정한 원칙에 어긋나긴 하지만 원칙대로만 하면 재미가 없지 않은가. 투자에는 재미도 필요해서 규칙에 맞지는 않지만 해볼 만하다는 생각이 드는 종목을 사곤 한다.

이때 눈길을 끄는 대표적인 종목은 매출이 계속 증가하면서 적자 폭이 감소하는 기업이다. 매출과 이익이 같이 증가하는 종목을 스크린하다보면 매출이 증가하면서 적자는 계속 감소하는 기업이 눈에 띈다. 그런 추세라면 올해나 내년에는 흑자로 바뀔 수 있다. 적자에서 흑자로 바뀌는 것은 기업에게 터닝포인트가 될 수 있고, 주가가 폭등할 수 있다. 이런 기업에는 한번 베팅할 수 있지 않을까? 그래서 몇 번 이런 주식을 사봤다. 많지는 않고 적은 비중이다. 그런데 막상 이런 종목에서 크게 이익을 본 경우는 없었다. 추세로 보면 적자가 계속 감소해 흑자로 바뀔 것 같은데, 막상 흑자로 바뀌는 경우는 많지 않았다. 다시 적자가 증가하거나, 계속 일정한 적자를 유지하는 경우가 많았다.

정말로 흑자로 바뀌면 주가가 오르긴 한다. 그런데 그 흑자를 그대로 유지하는 경우도 많지 않다. 다시 적자로 바뀌는 경우가 대부분이고, 그동안 오른 주가가 다시 내려가곤 한다. 적자가 흑자로 바뀌고 이후로 계속 흑자가 증가하면 주가가 크게 오를 텐데, 그런 경험을 한 적은 거의 없다. 적자 기업이 흑자로 바뀌고 이후에 계속 흑자를 증가시키는 건 몹시 어려운 일이라는 것을 실감했다. 어쨌든 매출이 계속 증가하며 적자도 계속 감소하는 기업은 관심이 가곤 한다.

나의 눈길을 끄는 다른 종목은 대폭락한 주식이다. 기업 자체에 문제가 있어서가 아니라, 시장 상황에 따라 주가가 대폭락하는 경우가 있다. 최근에는 2020년 코로나 사태로 인해 대폭락을 했고, 2021년 미국 금리 인상으로 시장 상황이 나빠져서 꽤 많은 종목이 대폭락했다. 미국 시장에서 주가가 폭락하는 건 무섭다. 한국에서는 폭락이라 해도 20~30%, 많아야 50% 정도다. 부도, 관리종목 지정 등 대형 사건이 터졌을 때는 80~90% 폭락하기도 하지만, 그것도 단기간이 아니라 장기간에 걸쳐 서서히 떨어진다. 그런데 미국 시장에서는 다르다. 80~90% 폭락이 심심치 않게 발생한다. 그것도 단기간에 말이다. 망하지는 않을 것 같아서 이런 종목에 투자했는데 실제 큰 수익으로 연결된 경우가 간혹 있다.

2020년 코로나 사태 때는 유가가 폭락했다. 평소 1갤런당 60달러가 넘던 유가가 40달러, 20달러로 떨어지더니 10달러 이하로 곤두박질쳤다. 심지어 하루는 마이너스 가격이 형성되기도 했다. 석유값이 이렇게까지 떨어질 수는 없는 일이었다. 석유는 사람들이 살아가는 데 반드시 필요하고, 또 생산하는 데 들어가는 비용이 있다. 최소한 생산비보다는 높아야 하는 것 아닌가? 나는 유가가 10~20달러 사이에서 움직일 때, 장기적으로 분명히 오를 거라는 생각으로 원유 ETN을 구입했다. 2020년 당시 여기에서 큰 수익이 났다.

2021년 미국 금리 인상이 시작되면서 나스닥 지수 등이 크게 하락했다. 16,000 하던 지수가 10,000대까지 떨어졌다. 이렇게 시장 상황이 악화되면서 개별 종목 중에 90% 폭락하는 종목들이 속출했다. 이전에 각광받는 기업들이었지만, 빚이 많았던 기업은 그야말로 대폭락했다. 그중에 카바나(Cavana)가 있었다. 미국 중고 자동차 판매 회사다. 기존 중고 자동차 판매 회사들은 오프라인이었는데, 카바나는 온라인 중고 자동차 판매로 주목받아왔다. 주가도 1주에 200달러가 훨씬 넘었다. 그런데 미국이 금리 인상하는 와중에 주가가 4달러까지 떨어졌다.

카바나가 완전히 망하지만 않는다면 수익이 날 수 있다고 생각했다. 원래 주가인 200~300달러까지 올라가지 못한다 해도, 망하지만 않는다면 지금보다는 높은 가격이 형성되지 않을까 했던 것이다. 1주에 15달러일 때 카바나 주를 구입했다. 많은 금액은 아니었다. 나로서는 일탈이었기에 많은 돈을 들일 수는 없었다. 그런데 2025년 9월 현재, 카바나 주식은 360달러이다. 폭락 이전의 시세를 회복하고 그보다 더 올랐다. 나에게 텐베거가 5개 있는데, 그중 하나가 카바나다. 일탈로 구입한 주식이었는데, 예상 외의 수익이 났다.

이런 식으로 대폭락한 주식을 구입해 수익이 난 경우가 많았다. 그래서 이 방법은 계속 적용할 생각이다. 그런데 이런 주식은 시장 상황이 전체적으로 안 좋아졌을 때 나타나기 때문에 평소에 찾아보기 힘들다. 그리고 이런 종목은 평소에 주가가 얼마였는지, 어떤 상태였는지 알아야 살 수 있다. 그래야 폭락했을 때 그 폭락이 과도하다는 판단을 할 수 있다. 평소에 모르는 종목은 폭락했다 해도 그게 폭락인지 아닌지 모른다. 시장 상황이 안 좋아지면 이런 식으로 폭락하는 종목이 나오고, 그중에서 큰 수익이 날 수 있는 종목이 나온다. 대폭락한 종목을 구입하는 방식은 앞으로도 계속 시도하려 한다.

     5천만 원으로 시작해 100억 부자가 된 최성락의 투자 이야기

그래서
실적은 어땠나?

내가 투자 방법으로 사용한 4년에 2배, 매출과 이익이 연 20%씩 3년 정도 증가한 종목을 구입하는 방법은 어떠했을까? 이 방법을 정착시킨 것은 2018년경이다. 2014~2015년에 장기투자를 목적으로 미국 주식, 중국 주식을 다수 사두었는데 그중에서 2018년경 크게 오른 것이 매출과 이익이 계속 오르는 주식이란 것을 발견하고 나서부터다. 그 후로는 주식 종목을 선택할 때 주로 이 방법을 사용한다.

앞에서 말한 것처럼 적자가 계속 감소해 흑자가 될 것 같은 기업, 시장 상황에 의해 대폭락한 기업 등의 주식을 사기도 했다. 그런데 이건 어디까지나 부수적이었다. 주된 투자 방법과 비교해 비중이 적고 금액도 얼마 되지 않았다. 매출과 이익이 연 20% 증가하는 기업 주식이 대부분이었다.

이런 방법이 항상 성공한 것은 아니다. 내가 산 이후에 매출과 이익이 고꾸라지는 기업들이 종종 있었다. 그러면 주가는 떨어진다. 매출과 이익은 계속 오르지만 웬일인지 주가는 그대로인 경우도 있었다. 심지어 매출과 이익이 계속 오르는데 주가는 떨어지는 경우도 있었다. 매출과 이익이 감소해서 주가가 떨어지는 건 이해할 수 있는데, 매출과 이익이 계속 증가하는데도 주가가 떨어지는 건 이해하기 힘들었다. 그런데 실제로 그런 일이 벌어졌다. 몇 개월 떨어지는 게 아니라 몇 년 동안 계속 떨어졌다. 이런 걸 보면 매출과 이익이 계속 증가하면 주가도 올라간다는 명제가 맞는 것인지 의심이 들기도 한다.

그러나 내가 초점을 두는 것은 개별 종목이 아니라 전체 투자금이다. 10배 오른 종목이 있으면 뭐하나? 실패한 종목이 많아서 투자금 전체가 제자리걸음이면 소용없다. 각 종목이 어떻게 움직이는지, 어떤 종목에서 수익이 나고 어떤 종목에서 손실이 났는지 파악하는 것은 그리 중요하지 않다. 투자금 전체가 증가해야 부자가 될 수 있다.

주식투자를 하다보면 방법을 막론하고 이익이 나는 경우도, 손실이 나는 경우도 있다. 각각의 경우에 초점을 맞출 필요는 없다. 전체적으로 이익이 났는가 손실이 났는가, 이익이 났다면 어느 정도인가가 중요하다. 실패한 종목이 많다 하더라도 전체적으로 원하는 수익률이라면 좋은 투자 방법이다.

2014년경, 나의 투자금은 7천만 원이었다. 이 돈이 2018년에 4억이 넘었다. 그런데 이것은 비트코인이 포함된 액수다. 주식만 따로 떼어내 생각하면 2014년 당시 5천만 원이었고 2018년에는 2억 정도 되었다. 이때는 해외주식은 몇 년 묵혀두는 장기투자였고, 국내주식은 여러 가지 투자 방법을 실행해볼 때였다.

국내주식에서 손해는 보지 않았지만 큰 이익을 내지는 못했다. 몇 년 묵혀둔 해외주식에서 큰 수익이 났다. 앞에서 말한 것처럼 이때 큰 수익이 난 해외주식은 매출과 이익이 계속해서 증가하는 종목들이었다. 이때는 매출과 이익이 연 20% 정도 오르는 기업을 의식하고 투자한 것은 아니다. 하지만 결과적으로 큰 이익을 냈다. 2014년에서 2018년경까지 4년 사이에 주식투자금이 4배가 되었다. 원래 기대했던 것보다 훨씬 더 높은 수익률이었다.

2018년경부터는 투자 방법을 매출과 이익이 연 20% 정도 오르는 종목에 초점을 두었다. 하지만 전부 이 방법을 따른 것은 아니다. 해외주식은 이를 기준으로 포트폴리오를 마련했지만, 국내주식은 이 외에 다른 방법도 썼다. 그때그때 좋아 보이는 종목을 몇 개월 동안 지켜보면서 투자하곤 했다.

2021년에 나는 직장을 그만두었다. 이 정도면 직장을 그만둘 수 있다고 생각한 금액에 도달했기 때문이다. 당시 내 금융자산은 20억이었다. 2018년에 3억이 좀 넘었는데, 3년 사이에 20억이 되었다. 이런 증가에 가장 크게 영향을 미친 것은 비트코인이었다.

2021년, 비트코인이 6천만 원이 넘어가면서 비트코인 자산이 12억이 넘었다. 비트코인을 제외한 주식은 8억이었다. 2018년에 내가 보유한 주식 가치는 2억 정도였다. 그게 2021년에 8억이 되었다. 3년 사이에 4배가 된 것이다. 4년에 2배가 목표였는데, 실제로는 그보다 훨씬 더 성적이 좋았다.

2021년도의 금융자산은 20억이었다. 그리고 2025년 현재 내 금융자산은 45억이다. 4년 사이에 2배가 넘었다. 2배가 넘기는 했지만, 이전보다는 상승률이 훨씬 떨어졌다. 하지만 이것은 문제 되지 않는다.

직장을 그만둔 후로 나는 수입이 없다. 그래서 2021년 이후 계속 주식을 팔아서 생활비를 충당하고 있다. 돈을 아끼면서 생활하지는 않는다. 이전보다 지출이 훨씬 더 많아졌다. 그 지출을 다 충당하고도 금융자산이 2배가 넘었다. 주기적으로 주식을 팔아 쓰고 있는데, 내가 보유한 주식 총액은 오히려 전보다 늘었다. 생활비 때문에 4년간 주식을 팔아온 것을 고려하면 실제로는 못해도 3배 가까이 오른 것이다. 현재까지의 실적을 보면 4년에 2배라는 목표를 계속 달성하고 있다. 내가 이 투자 방법을 계속 고수하는 주된 이유다.

'몰빵'은 금물이다

한번은 친한 후배에게서 연락이 왔다. 내가 이전에 쓴 책을 읽었다며 어떤 종목에 투자해야 하는지 물었다. 책에는 매출과 이익이 몇 년 동안 연 20% 정도 오르는 종목을 산다고 적혀 있는데, 보다 자세한 내용을 알고 싶다는 것이었다. 그런 정보는 어디서 구하는지, 구입하면 언제 팔아야 하는지, 그래서 수익률이 어느 정도인지 등등을 물어왔다. 나는 담담하게 내 방법을 이야기해주었고, 후배는 공감이 갔나 보다. 후배도 내가 적용한 방법을 적용해 주식을 구입했다. 미국 주식 중에서 매출과 이익이 연 20% 정도 몇 년간 오른 종목을 모두 검색했고, 그중에서 실적이 가장 탄탄하고 발전성 있어 보이는 A 주식을 샀다. 후배는 그동안 투자해온 모든 주식을 정리하고, A 주식에 '몰빵'했다.

후배가 산 A 주식은 나도 보유한 종목이다. 나도 A가 유망하고 많이 오를 거라고 기대한다. 그러나 나는 후배의 투자법이 조금 불안했다. 후배는 딱 한 종목만 샀다. 많은 후보 종목 중에서 가장 좋아 보이는 한 종목에 '몰빵'한 것이다. 투자는 확률 게임이다. 확률 게임에서 '몰빵'은 금물이다. 여러 종목으로 분산해야 한다. 소위 포트폴리오를 만들어야 하는 것이다.

한 4~5년 전, 나는 친척 아이에게 주식 통장을 만들어준 적이 있다. 아직 초등학생이기에 투자에 대해 아무것도 모르는 데다가, 주식 거래를 할 수도 없었다. 내가 바란 건 나중에 대학생이 되었을 때 많이 올라 있을 주식을 사주는 것이었다. 10년 이상 내다보고 사는 것이니 장기적으로 가장 확실한 주식을 사주어야 했다. 지금은 좋지만 10년 후에는 어떻게 될지 모르는 주식은 곤란했다. 지금 확실해 보이고, 10년 후에도 확실해 보이는 주식을 찾아보았다. 당시 내가 가지고 있던 주식 중에서 이 기준에 들어맞는 종목은 두 가지였다. 하나는 디자인 프로그램에서 압도적인 경쟁력을 가지고 있는 어도비이고, 다른 하나는 중국 술의 절대강자 마오타이였다.

이 두 종목은 매출과 이익이 연 20% 정도씩 오르고 있었다. 경쟁자가 없는 독점적인 지위도 가지고 있었다. 소위 '해자를 두른 기업'이었다. 다른 기업이라면 지금은 좋지만 앞으로 경쟁자가 나와 실적이 나빠질 수 있다. 그러나 어도비는 경쟁기업이 없었다. 마오타이는 경쟁기업이 있긴 했지만 마오타이의 위상에는 미치지 못했다. 그리고 마오타이는 다른 술과 달리 공급량이 한정되어 있었다. 마오타이를 생산할 수 있는 지리적 요건상 공급량이 더 이상 늘어날 수 없는 특성이 있었다. 수요는 많은데 공급은 고정되어 있는 것, 나는 이게 가장 좋은 투자 대상이라고 생각한다. 당시 내 주변에는 장기적으로 보유할 종목 1~2개를 찍어 달라는 사람들이 종종 있었다. 지금 당장 수익을 얻을 게 아니고, 앞으로 10년 이상 보유해두려고 한다, 그러면 어떤 주식을 사놓으면 좋냐고 추천해 달라고 했다. 그때 내가 추천한 종목도 마오타이와 어도비 두 가지였다. 단기적으로는 어떻게 될지 모르지만, 장기적으로는 계속 오를 것 같았다. 이 두 종목은 추천할 수 있었다.

친척 아이에게는 어도비를 사주었다. 마오타이도 같이 사주고 싶었지만, 중국 주식은 매수 단위가 있다. 마오타이는 한 번에 100주 단위로 거래가 되어 5주, 10주는 살 수 없었다. 당시 마오타이 주가는 2천 위안이 넘었고, 거래 최소 단위인 100주만 사려 해도 20만 위안, 당시 환율로 3,400만 원이 넘는 돈이 필요했다. 증여세를 내지 않고 미성년자에게 사줄 수 있는 한도는 1,000만 원까지다. 자연스럽게 마오타이는 제외됐고, 결국 어도비가 대상이 되었다.

그로부터 5년 정도 지났다. 어도비와 마오타이는 장기적으로 괜찮을 거라는 내 예상은 완전히 빗나갔다. 어도비는 경쟁자가 없는 독점 기업이었다. 그런데 그동안 피그마라는 경쟁기업이 생겨서 시장 점유율을 확장했다. 또 인공지능 AI가 활성화되면서 디자인 등을 할 때 어도비 프로그램에 의존하는 비율이 줄어들었다. 그러면서 어도비 주가는 크게 떨어졌다.

주가가 떨어지는 것 자체는 문제가 아니다. 주가는 시장 상황에 따라 얼마든지 폭락, 폭등할 수 있다. 그러나 그동안 독점 기업이었다가 경쟁기업이 등장하는 건 차원이 다르다. 어도비 프로그램을 쓸 수밖에 없었다가 AI로 대체할 수 있게 된 것도 어도비 측에는 심각한 문제다. 뭐 앞으로 어도비 주가가 다시 오를 수도 있다. 하지만 지금은 5년 전처럼 어도비의 미래를 확신할 수 없다. 지금이라면 아이에게 어도비를 사주지 않을 것이다. 마오타이도 마찬가지다. 마오타이는 중국 주식시장에서 시가 총액 1위를 차지할 정도로 승승장구했다. 하지만 중국 정부가 공동 부유 정책으로 전환하면서 상황이 달라졌다. 마오타이는 고급 술이다. 그러나 사치를 금지하고 부자들을 끌어내리는 정책으로 큰 타격을 받았다. 국유화 정책이 강화되면서 완전히 국유 기업이 됐고, 대중화를 추구한다며 저렴한 술을 생산하기 시작했다.

마케팅 포지셔닝 이론에서는 고급 브랜드가 매출 증대를 위해서 싸구려 상품을 같이 생산하는 걸 금기시한다. 에르메스는 모든 제품이 다 비싸기 때문에 명품 브랜드인 것이다. 모든 사람이 이용할 수 있게 하겠다고 저렴한 상품을 출시하면 에르메스의 이름값은 떨어진다. 그러나 마오타이는 마케팅에서 금기시되는 행동을 했다. 당장 매출은 오르겠지만 이러면 장기적인 성장은 어떻게 될지 모른다. 마오타이 주식은 당시에 비해 거의 절반이 떨어졌다. 계속 상승하던 주가가 하락세로 바뀐 지 몇 년이 되었다.

원래 나는 미래에 확신을 가지는 사람은 아니었지만 어도비, 마오타이의 경험이 추가되면서 다시 한번 느꼈다. 나는 미래를 예측하는 힘은 없다. 내가 주식 종목 중 가장 확실하다고 생각했던 두 종목이 모두 고꾸라졌다. 오히려 보유하고는 있었지만 별로 기대하지 않았던 엔비디아 등이 폭등했다. 이런 걸 보면 결국 결론은 하나다. 한두 종목에 올인하면 안 된다. 아무리 좋아 보이고 확신을 가질 수 있다 하더라도 한두 종목에 모든 투자금을 들이붓는 것은 곤란하다.

가장 좋은 종목에 투자하는 게 좋지 않냐고? 물론 가장 좋은 종목에 투자하는 게 좋다. 문제는 가장 좋은 종목이 뭔지 판단하는 게 불가능하다는 점이다. 세상은 계속 변하고, 그러면서 가장 좋은 종목도 변한다. 정말 5년 전만 해도 어도비의 독점력에 문제가 생기리라고는 상상도 할 수 없었다. 그러니 가장 좋아 보이는 종목 한 개가 아니라, 가장 좋아 보이는 여러 개를 선택해야 한다. 최소 10종목 정도는 되어야 한다. 하나하나 따지면 모두 좋아 보이지만, 그중에서 반드시 실패작이 나오고 제자리걸음하는 종목도 나온다. 그렇더라도 잘나가는 성공작이 몇 개 나오면 전체적으로는 큰 이익이 된다. 특히 장기투자에서 올인은 안 된다. 여러 종목을 동시에 보유하는 포트폴리오 구성이 반드시 필요하다.

A 한 종목에 올인한 후배는 어떻게 됐을까? A 기업의 실적은 여

전히 좋다. 하지만 주가는 지지부진하다. 몇 년간 보유하고 있는데도 수익이 거의 없다. 나의 경우 A 종목은 제자리지만 다른 종목들이 올라서 괜찮다. 하지만 A 종목만 보유한 후배는 어려운 시기를 보내고 있다. '몰빵'은 투자를 힘들게 한다.

이런 종목은
무조건 피한다

나는 투자 대상을 선정할 때 무조건 피하는 대상이 있다. 매출과 이익이 아무리 잘 오르고 장래성이 밝아 보이며, 4년 내에 2배는 충분히 오를 것처럼 보이고, 유망한 종목이라고 이슈가 되어도 관심을 갖지 않는 종목이 있다. 물론 모든 면에서 완벽한 투자 대상은 없다. 아무리 좋아 보이는 종목이라 해도 흠결은 있다. 그러니 기준을 좀 완화해 '이정도 종목이면 투자해도 좋지 않을까?' 하고 생각하는 사람도 있을 것이다. 그러나 내 생각은 다르다.

아주 매력적인 연애 상대가 있다고 하자. 누가 보아도 멋있고 좋아 보인다. 하지만 이 상대는 그동안 몇 번 바람을 피운 과거가 있다. 그런데 지금 이 상대는 자기계발로 스펙을 높였고, 다이어트로 외모도 훨씬 보기 좋아졌다. 주변 사람들이 모두 이 상대를 칭찬한다. 그리고 나에게 약속한다, 앞으로는 바람을 피우지 않겠다고. 그러면 이 상대를 믿고 다시 연애를 해야 할까? 그동안 바람피운 게 한 번뿐이라면 믿을 수도 있다. 하지만 여러 번이라면 그 약속을 믿을 수 있을까? 지금은 내게만 충실하겠다고 다짐하지만, 앞으로 기회가 오면 언제든 또 그럴 수 있다고 생각해야 합리적이다. 한두 달 잠깐 만나고 말 거라면 그래도 괜찮다. 하지만 그런 상대와 최소 몇 년을 기약하는 관계를 맺긴 어렵다. 현재 이 상대가 얼마나 매력적이고 사람들이 좋게 보는가는 별로 중요하지 않다.

아무리 좋아 보여도 눈길을 주지 말아야 할 종목의 기준을 열거해보자. 참고로 나는 처음부터 이런 종목을 제외했던 것은 아니다. 처음에는 그냥 다 투자했다. 하지만 점점 이건 아니라는 느낌이 강해지고, 결국 제외하게 된 종목이다. 즉, '당했다'는 느낌을 받았던 유형들이다. 다시는 뒤통수를 맞지 않기 위해 만들어진 기준이다.

● 기업의 모든 구성원이 한마음으로 주가 상승을 바라는 종목을 산다

기업의 주요 구성원, 즉 대주주, 소액주주, CEO, 임원, 직원들이 한마음으로 주가가 오르기를 바라는 기업이어야 한다. 오르기를 바라지는 않더라도 중립적이기는 해야 한다. 최소한 주가가 내리기를 바라는 구성원은 없어야 한다.

축구에서 어느 팀이 이길 것인지 베팅한다고 하자. 제대로 된 베팅을 위한 기본 조건은 팀 내 구성원이 모두 자기 팀이 이기기를 바라야 한다는 것이다. 구단주는 자기 팀이 이기기를 바라고 지원해

     5천만 원으로 시작해 100억 부자가 된 최성락의 투자 이야기

주어야 한다. 감독은 자기 팀이 이기기를 바라면서 작전을 짜고 지휘해야 한다. 골키퍼는 자기 팀이 이기기를 바라면서 골을 막아야하며, 공격수와 수비수는 자기 팀이 이기기를 바라며 공격하고 수비를 해야 한다. 그 많은 구성원 중 한두 명쯤 자기 팀이 지길 바래도 되지 않을까? 그럴 리 없지 않은가. 구단주, 감독, 선수 중 단 한명이라도 자기 팀이 지기를 바라면 승리를 기대할 수 없다. 모든 구성원이 승리를 바라며 일치단결해 경기에 임해야 한다. 그게 축구 경기에서 베팅이 이루어지기 위한 전제조건이다. 베팅이 이루어지는 스포츠 경기에서 승부조작을 굉장히 엄격히 처벌하는 이유다.

기업 구성원이라면 모두가 다 자사의 주가 상승을 바라는 게 아닌가? 주가가 상승하면 모든 구성원이 다 이익을 보는 게 아닌가? 그렇지 않다. 주요 구성원이 주가 상승을 바라지 않는 경우가 심심찮게 있다. 가장 대표적인 경우가 한국의 상속세 제도다. 한국의 상속세는 50%다. 기업의 경영권을 가진 대주주는 65%다. 1주에 1만원 하는 주식을 1,000만 주 가지고 있으면 1,000억 원을 보유하고있는 것이고, 이때 상속세는 650억 원이 된다. 그런데 이때 1주에 1만 원이 아니라 5천 원이라면? 그러면 보유하고 있는 주식 가치는 500억 원이고, 이때 상속세는 325억 원이 된다. 주가가 1만 원에서 5천 원으로 떨어지면 상속세가 225억 원이 줄어든다. 상속세를 더 내더라도 보유액이 500억보다는 1,000억인 것이 더 나은 게 아닐까? 보통 주주에게는 상속세를 내더라도 전체 가치가 높은 게 맞다.

하지만 대주주는 다르다. 대주주는 어차피 주식을 팔 게 아니다. 회사 자체를 가지고 있는 것이고, 주가의 움직임은 실질 재산과 별 상관이 없다. 명목상의 가치만 움직이는 것이다. 대주주는 주가가 오르면 세금이 증가해 손해만 발생한다. 상속세를 내야 하는 대주주는 주가가 낮은 게 좋다. 소주주는 주가가 오르는 게 좋지만 대주주는 주가가 오르면 곤란하다. 한국 주식이 저평가된 주된 이유 중 하나다.

기업의 가장 중요한 이해관계 당사자가 주가가 오르기를 바라지 않는다면 회사가 아무리 튼튼하고 이익이 증가해도 투자자 입장에서는 별 의미가 없다. 회사가 주가 상승을 바라지 않으면 주가가 제대로 오를 수 없다. 설사 오른다 하더라도 제대로 된 가치를 반영할 정도로 오르지는 못한다. 주가가 오르기를 바라지 않는 내부 관계자가 있는 기업 주식에 투자하는 것은, 패배를 원하는 선수가 출전하는 축구팀에 베팅하는 것과 같다. 나는 이런 가능성이 있는 기업은 무조건 제외한다.

● 정부 지분이 많은 회사는 제외한다

기업의 목적은 무엇인가? 돈을 버는 것이다. 돈 버는 것 말고 사회적으로 기여하는 것도 기업의 중요한 목적이지 않은가?

법인에는 돈 버는 것을 목적으로 하는 것이 있고, 돈 버는 것을 목적으로 하지 않는 것이 있다. 돈 버는 것을 목적으로 하지 않는 법인이 비영리법인인데 여기에는 사단법인, 재단법인 등이 있다. 돈 버는 것을 목적으로 하는 법인이 기업이다. 정말로 돈 버는 게 목적이 아니라면 기업을 만들지 말고 비영리법인을 만들어야 한다. 영리법인인 기업을 운영하면서 돈 버는 게 목적이 아니라고 주장하는 것은 '눈 가리고 아웅' 하는 것이다. 사람들에게 자신들은 영리만 추구하지 않는다는 이미지를 각인시키려는 것일 뿐, 진짜 목적은 돈 버는 것이다.

그런데 정말로 돈 버는 게 목적이 아닌 기업이 있다. 정부가 대주주인 기업, 대주주는 아니더라도 실질적으로 정부가 지배하는 기업이다. 정부의 목적은 돈을 버는 게 아니다. 권력을 유지하거나, 투표에서 이기는 게 목적이다. 공기업은 이런 목적 달성을 위한 수단으로 만들어졌기 때문에 이익은 부차적이다.

한국 주식시장에는 공기업이 많다. 외형적으로는 민간 주식회사 형태를 지니고 있지만 실질적으로는 정부가 지배하는 공기업이다. 강원랜드, 한국전력, POSCO 등이 대표적이고, 은행 등에도 이런 기업이 많다. 이런 공기업은 회사의 목적 자체가 돈을 버는 게 아니다. 강원랜드는 폐광지역 발전을 위한 수단으로 만들어졌고, 한국전력은 한국 전역에 전력의 원활한 수급을 목적으로 세워졌다.

무엇보다 이들 기업은 정부 평가에 민감하다. 그런데 정부의 평가 기준에서 매출과 이익은 별로 중요하지 않다. 정부 지침에 얼마나 잘 따랐는가, 사회봉사를 얼마나 많이 했는가 등이 중요하다. 일반 기업에서 직원들이 성과급을 많이 받으려면 무엇보다 회사 이익이 많이 발생해야 한다. 하지만 공기업에서 직원들이 성과급을 많이 받으려면 정부 평가에서 높은 점수를 받아야 한다. 대주주인 정부의 마음에 들도록 하는 게 중요하다. 이런 사정은 한국뿐만이 아니라 다른 나라 공기업들도 마찬가지다. 매출과 이익보다는 다른 측면을 중시한다. 다른 나라 기업 중에서도 정부의 관여가 심한 기업은 아무리 실적이 좋아도 투자 대상에서 제외한다.

개인적으로는 돈 버는 것을 목적으로 하지 않는 기업, 매출과 이익보다 다른 것을 목적으로 하는 기업은 주식시장에 상장되면 안 된다고 생각한다. 축구 리그에서 뛰는 축구팀은 모두 승리와 우승을 목적으로 해야 한다. 그래야 축구 경기가 재미가 있고 베팅도 할 수 있다. 승리가 아니라 환경보호를 목적으로 하는 팀은 매우 숭고하다. 굉장히 훌륭한 팀이긴 하지만, 그런 팀은 환경 운동가들이 모인 곳에서 경기를 해야지, 축구 리그에 들어와 축구를 하면 안 된다. 이런 팀이 축구 리그에 끼어 있으면 리그 전체에 피해를 입힌다.

나는 정부 지분이 많은 기업, 정부 입김이 센 기업은 투자 대상에서 제외한다. 그리고 궁극적으로 이런 기업은 주식시장에서 나가주기를 바란다.

● 유동성이 중요하다, 투자금이 장기간 잠기는 것은 모두 제외한다

나는 투자에서 가장 중요한 요소의 하나가 유동성이라고 생각한다. 유동성은 현금으로 바꿀 수 있는 능력이다. 현금화하려고 할 때 바로 현금으로 바꿀 수 있는가, 이것이 중요한 투자 기준의 하나다. 아무리 좋은 투자 대상이라 해도 현금화가 어렵다면 투자 대상으로 생각하지 않는다.

내가 유동성을 중요하게 여기게 된 것은 몇 번의 경험 때문이다. 1990년대, 당시 국민주로 각광받던 한국통신 주식을 공모 신청해 받았다. 당시 가지고 있던 현금을 모두 여기에 투자했다. 공모할 때는 바로 주식시장에 상장한다고 했는데, 공모를 통해 주식을 모두 판매한 다음에는 기업 측의 말이 바뀌었다. 주식시장 상황이 별로 안 좋으니 좋아질 때까지 기다렸다가 상장한다는 것이다. 실제 상장은 3년 정도 지나서 이루어졌고, 그사이 내 자금은 완전히 묶였다. 당시 나는 대학원생이었다. 여유 자금이 모두 묶여 몇 년 동안 다른 곳에 투자할 수가 없어서 고생했다.

2000년대, 수익성 부동산에 초점을 두었을 때는 모든 자금이 부동산에 묶여 있었다. 2018년에 자산이 20억 만들어졌을 때도 그중 80%가 부동산이었다. 부동산에 돈이 있으면 겉으로는 자산이 있는 것 같은데 실생활에는 아무런 도움이 안 된다. 월세 수입이 있긴 하지만, 전체 자산 규모에 비해서는 절대 만족할 만한 수준이 될 수 없다. 서울에서 월세 수입은 연수익 3% 정도밖에 안 된다. 다른 투자 대상보다 수익이 적다. 부동산이 긍정적인 것은 가격이 계속 오른다는 점이다. 그러나 부동산이 올라 자산이 증가한다 해도, 역시 실생활에는 별 도움이 되지 않는다.

큰돈을 벌기 위한 가장 주된 방법은 사업이나 투자, 아니면 고소득을 기대할 수 있는 전문직이 되는 것이다. 그중 투자의 가장 큰 장점은 유동성이다. 수익성이 좋은 것으로 투자 대상을 계속 이동시킬 수 있다는 게 가장 유리한 점이다. 어느 한 분야의 사업을 시작하고 나서 사업 분야를 바꾸기는 몹시 어렵다. 전문직을 갖게 된 이후 돈을 더 많이 벌 수 있는 다른 직업으로 바꾸는 건 사실상 불가능하다. 하지만 투자는 계속 대상을 바꿀 수 있다. 투자의 가장 큰 장점이 바로 이런 유동성이다. 그런데 유동성이 거의 없는 대상에 투자를 하는 것은 투자의 장점을 스스로 버리는 일이다.

그래서 나는 돈이 잠기는 대상에는 투자하지 않는 것을 원칙으로 삼고 있다. 일정 기간 투자를 해야 수익이 있고, 그전에 현금으로 찾으려 하면 벌칙이 있는 것은 모두 투자 대상에서 제외한다. 그래서 보험, 펀드 상품은 배제한다. 정기예금, 정기적금도 당연히 열외다. 부동산도, 신탁 상품도 마찬가지다. 콘도나 미술품 등도 투자 대상으로 생각하지 않는다. 원하는 때에 원하는 가격으로 팔 수 없는 건 모두 배제한다.

부동산 자산이 훨씬 많으면서 부동산을 투자 대상에서 제외한다고 말하는 게 좀 웃기기는 하다. 나는 부동산이 더 많긴 하지만 부동산을 투자재로 생각하고 구입한 건 아니다. 필요해서 산 것뿐이다. 많은 사람들이 어느 정도 자산이 모이면 빌딩 등을 구입하려 하지만 나는 꼬마빌딩 등에 관심을 가지지 않는다. 압구정 재건축 아파트 등이 앞으로 더욱 오를 것으로 기대되지만 쳐다보지 않는 이유다.

사실 이것도 자산 규모가 지금보다 더 많아지면 달라질 수 있다. 투자회사도 처음에는 주식, 채권 같이 유동성이 높은 것만 대상으로 하다가, 어느 정도 자산 규모가 커지면 부동산 등 대체 투자를 시작한다. 나도 더 자산 규모가 커지면 부동산을 투자 대상으로 접근할 수 있다. 하지만 지금 내 상태로는 수익성보다는 유동성이 더욱 중요하다.

● 믿음이 깨지면 다시는 돌아보지 않는다

투자를 하다보면 뒤통수를 맞았다는 기분이 들 때가 있다. 대표적인 경우로는 유상증자가 있다. 내 지인 중 한 명은 모 기업 주식을 오랫동안 가지고 있는데, 그동안 이 주식은 몇 번 유상증자되었다. 유상증자되면 속상해하면서도 유상증자로 낮아진 가격에 그 주식을 더 산다. 그리고 좀 지나 이 주식은 또 유상증자되고, 또 속상해하면서 유상증자를 받는다. 지인은 계속 유상증자를 당하면서도 그 주식이 한번 뜨면 모든 손해가 메꿔질 것이라고 기대한다.

하지만 나는 그러지 않는다. 한번 유상증자를 당하면 다시는 그 기업을 쳐다보지 않는다. 손해를 보더라도 주식을 다 처분하고 손을 뗀다. 내가 옵션 등에서 손을 뗀 것도 이런 이유 때문이다. 원래 주식이 크게 올랐는데, 옵션 가격을 담당하는 증권회사 LP가 말도 안 되는 가격을 제시했다. CFD 상품에서 손을 뗀 것도 당했다는 느낌을 받아서였다.

한 번 당하고 나서 평생 동안 연을 끊는 것은 바람직한 태도는 아니라고 생각한다. 친구가 나를 속였을 때 그 친구와의 인연을 끊어야 할까? 그럴 필요는 없을 것이다. 한 번쯤은 봐주는 게 맞을 것이다. 연인 사이에서 뒤통수를 맞는 일이 발생했다면 인연을 끊어야 할까? 사안에 따라 차이가 있을 수 있지만, 웬만한 일이라면 한두 번은 봐줄 수 있을 것이다. 사람은 누구나 실수할 수 있다. 한 번의 잘못으로 인연을 끊는 건 좀 너무하다.

하지만 투자는 다르다. 투자와 관련해서는 한 번 뒤통수를 맞으면 그것으로 끝이다. 미련을 가지지 말아야 한다. 회사는 '갑'이고 투자자는 '을'이다. 친구, 동료, 연인 같은 대등한 관계에서 뒤통수를 치는 것과, 갑과 을 사이에서 뒤통수를 치는 것은 다르다. 갑이 을에게 뒤통수를 친다면, 이건 상대방을 완전히 '졸'로 보고 있는 것이다. 투자 대상이 없다면 그렇게 당하더라도 갑에게 매달릴 수 있다. 하지만 세상에 투자 대상은 많다. 투자자를 등쳐먹지 않는 기업도 많다. 당했다는 느낌을 받으면 바로 그만두고 다른 곳으로 옮겨야 한다.

투자 세계에는 투자로 돈을 벌지 않고 다른 사람 돈을 우려내서 돈을 벌려는 사람들이 굉장히 많다. 그런 사람의 손아귀에서 놀아

나면 안 된다.

당했다는 느낌이 들면 바로 손을 뗀다. 이것이 내가 투자에 대해 가지고 있는 기본 원칙 중 하나다.

● 상장된 지 얼마 안 된 기업은 제외한다

나는 처음에는 사려는 종목이 언제 상장되었는지는 고려하지 않았다. 매출과 이익이 오르는 종목을 고르려 했고, 그 기준에 맞기만 하면 상장 시기를 알아보지 않고 매수 풀에 넣었다.

그런데 이상한 점이 있었다. 상장된 지 얼마 안 된 기업은 모두 성적이 안 좋았다. 주가가 오르지 않았다는 것이 아니라, 매출과 이익의 성장세가 금방 꺾였다. 나에게는 매출과 이익이 꺾이면 매도 대상이 된다. 그런데 상장된 지 얼마 안 된 기업은 거의 예외 없이 매수한 후 얼마 가지 않아 매도 대상이 되곤 했다. 물론 매출과 이익이 계속 오르던 기업이 내가 매수한 이후에 떨어지는 건 특별한 일이 아니다. 많은 기업이 그렇게 된다. 그렇게 매출과 이익이 떨어지는 것에 대해 특별한 패턴이 있지는 않다. 하지만 상장된 지 얼마 안 된 기업은 거의 전부라 해도 좋을 정도로 매출과 이익의 성장세가 달라졌다. '규칙'이라 할 정도의 패턴이었다.

먼저 문제를 인식한 것은 한국 기업들이었다. 상장하기 전에는 매출과 이익이 급속도로 증가하던 기업인데 상장 후에 고꾸라지는 기업들이 너무 많았다. 원칙대로라면 상장은 회사에 굉장한 호재니 실적이 더 좋아져야 하지 않는가? 그런데 정반대로 상장 후에 매출과 이익의 성장세가 꺾인다. 이러면 상장하기 전의 매출과 이익 증가가 진짜였을까 하는 의심을 할 수밖에 없게 된다. 상장 전의 매출과 이익이 상장에 성공하기 위해 인위적으로 만들어진 것일 수 있다. 그렇지 않다면 어떻게 하나같이 상장 후에 곧바로 매출과 이익의 성장세가 꺾일 수 있단 말인가? 나는 몇 번의 경험 끝에 상장된 지 3년이 안 된 주식은 고려하지 않는다는 원칙을 세우게 되었다.

미국 주식은 좀 다르다. 미국 주식은 애초에 적자가 나는 기업도 상장을 많이 한다. 오히려 이슈가 되는 기업은 흑자보다 적자인 경우가 더욱 많다. 현재는 적자지만 앞으로의 성장성을 보고 상장하는 것이다. 그러다 가끔 이익이 많이 나는 회사인데 상장되는 경우도 있다. 그런데 미국에서는 새로 상장된 기업의 가치가 어느 정도인지 주식시장에서 가격이 안정화되는 데 꽤 오랜 시간이 걸리는 것 같다.

미국에서 상장된 지 얼마 안 된 기업의 특징은 주가가 굉장히 출렁인다는 점이다. 오르락내리락하는 진폭이 매우 크다. 언제 폭락, 폭등할지 모르는 시한폭탄이다. 운이 좋으면 단기간에 큰 수익이 날 수 있지만, 운이 없으면 언제 회복할지 모르는 폭락을 맞는 것이다. 이런 종목은 상장되고 나서 충분한 시간이 지나 주가가 안정기에 들어선 다음에 투자하는 게 낫다. 이 기간도 최소 1~2년 이상은 걸린다.

어쨌든 시장에 따라 이유는 다르지만, 결론은 같다. 상장된 지 얼마 안 된 기업은 건드리지 않는다는 것이다. 나는 이것도 투자의 기본 원칙으로 삼고 있다.

나의 투자 방법은
절대적일까?

지금 나의 투자 방법은 제대로 된 것일까? 나의 투자 방법이 이렇다고 앞에서 많이 이야기하긴 했지만, 그것이 모두 옳은지는 사실 잘 모른다. 나의 투자 법칙은 이론적, 연역적 방법으로 만들어지지 않았다. 돈 버는 투자 법칙을 먼저 알아내고, 그 방법대로 실천해 투자로 돈을 번 게 아니다. 이런저런 방법으로 해보다가 매출과 이익이 계속 오르는 기업에서 이익이 난다는 것을 경험했고, 그다음부터 이 방법을 적용한 것이다. 그리고 매출과 이익이 오르는 기업이라 해도 상장한 지 얼마 안 된 기업, 국내 시장만 대상으로 하는 기업 등은 증가세가 곧 벽에 부딪히는 걸 경험했고, 그 종목은 제외하게 되었다. 그 이후에 TQQQ, QLD 등의 레버리지 ETF 등이 4년에 2배 이상 오르는 추세인 것을 보고 이들에 대한 투자를 시작했다. TQQQ는 오를 때는 크게 오르지만, 주가 하락기에는 낙폭이 몹시 크다. 주가가 폭락 전 가격으로 회복해도 TQQQ 가격이 폭락 전으로 회복하지 못하는 것을 경험하고 TQQQ 비중을 줄이고 있다.

이런 식으로 나의 투자 방법은 여전히 조금씩 달라지고 있다. 나는 일주일에 한 번은 교보문고 등 대형 서점에 가는데, 거기서 새로 나온 경제경영서, 투자 서적들을 훑어본다. 일일이 내용을 읽지 않아도 최소한 제목은 훑어본다. 그중에는 새로운 투자법을 소개하는 책들도 다수 있다. 책 내용이 정말 새롭고 잘 모르는 것이면 사서 읽는다. 그리고 방법과 내용이 마음에 들면 일정 비중을 할애해 책 내용대로 해본다. 라오어의 무한매수법 중 3배 레버리지 ETF 장기투자도 그런 식으로 시작했다. 그렇게 시작해서 실적이 괜찮으면 계속 유지하고, 문제가 있다고 판단되면 그만둔다. 문제가 있지만 조금 변환해 적용하면 괜찮을 것 같다고 판단되면 수정해서 해본다. 그런 식으로 지금도 계속 방법을 찾는 중이다.

개인적으로는 투자법과 관련해 지적인 깨달음을 얻었으면 좋겠다. 살다보면 뭔가 깨달음이 오면서 그동안 단편적으로 알던 많은 지식이 서로 연결되고 새롭게 알게 되는 통찰의 순간을 경험할 때가 있다. 이런 통찰의 순간을 경험하면 새로운 세계가 열린다. 새로운 것을 가슴 깊이 받아들이며 지적 체계가 생긴다.

통찰의 순간을 경험하면 참 좋을 텐데, 나는 아직 투자와 관련해 그런 통찰의 순간을 느껴본 적은 없다. 여전히 안갯속이고 뭐가 뭔지 잘 모른다. 이래 볼까 저래 볼까의 연속이다. 투자 원칙이라고 나름대로 정해두고 있는 건 있지만, 그건 절대적인 게 아니라 지금까지의 경험에 비추어볼 때 '이러면 좋다'는 상대적인 원칙에 불과하다. 언제든 더 좋은 원칙이 나올 수 있고, 그러면 지금까지의 방법을 버리고 더 좋은 원칙을 따를 것이다. 지금까지 몇 년간 나의 원칙을 버리지 않은 것은 아직까지 이보다 더 많은 수익을 가져다주는 투자법을 알아내지 못했기 때문이다.

한 가지 말해둘 건, 내게는 4년에 2배라는 기준이 가장 중요하다는 점이다. 매출과 이익이 연 20% 이상이어야 한다는 기준은 그동안 계속 보완해왔다. 다른 투자법을 새로 도입하기도 했고 폐기하기도 했다. 그러나 그 와중에도 변치 않고 계속 고수하는 게 '4년에 2배'라는 기준이다. 이 기준은 그대로이고, 이를 달성하는 수단 측면에서 계속 진화를 이루고 있다.

그래서 앞으로 누가 투자법을 물어보면 '매출과 이익 연 20%'보다 '4년에 2배'라는 기준을 더 강조해야 하는 게 아닐까 싶다. 겉으로는 '4년에 2배' 기준은 별로 중요해 보이지 않는다. 매출과 이익이 연 20% 오르는 종목을 찾는 것 같은 세부 기준이 더 중요하게 여겨진다. 하지만 진짜 중요한 기준은 '4년에 2배'라는 커다란 목표다. 나머지 기준은 4년에 2배라는 목표를 달성하게 해주는 세부적인 수단이고, 언제든 바뀔 수 있다. 목표에 초점을 두어야지 수단에 초점을 두어서는 안 된다. 그런 면에서 나에게 정말 중요한 투자 기준은 '4년에 2배'다. 여기서 모든 게 시작된다.

주식 투자법을 소개하는 책들은 모두 '돈 벌기' '부자 되기'를 목표로 다양한 방법을 제시한다. 사실 그걸 따로 목표로 제시할 필요는 없다. 투자하는 사람이라면 누구나 당연히 그것을 목표로 한다. 그런데 '돈 벌기' '부자 되기' 등의 막연한 목표 말고 '4년에 2배'를 목표로 삼아보자. '4년에 2배'가 아니라 '1년에 20%' '2년에 50%' 등도 괜찮다. 자기가 기대하는 수익에 따라 정하면 된다. 이런 식으로 목표를 정하면 투자법은 자연스럽게 변하게 된다. 주식시장에서 소개되는 무수한 투자법 중에서 어떤 걸 받아들이고, 어떤 걸 제외해야 할지 자연스럽게 걸러진다. 또 투자 뉴스를 바라보는 새로운 기준이 만들어진다.

'4년에 2배'와 같은 식으로 목표 수익률에 초점을 맞추고, 그것을 달성할 수 있는 수단을 찾자. 그게 내가 투자 방법과 관련해 확실하게 제안할 수 있는 유일한 원칙이다.

7장

투자에
도움이 되는 것들

다시 한번 말하지만, 투자에서 승부의 시점은 대폭락기다.
폭락기가 투자의 성패를 가른다. 폭락기에 대한 대비가
정말 중요한 투자 원칙이라는 것을 잊지 말자.

투자 경험은 중요하다

앞에서 나의 투자법에 대해 이야기했다. 목표 수익률을 정하고, 그것을 달성한다는 확신이 드는 종목에 투자를 한다는 것, 비트코인은 4년마다 발생하는 반감기 이벤트로 장기적으로 계속 오를 거라고 생각한다는 것 등이었다. 이 밖에 시장 상황에 따라 주가가 지나치게 폭락해 앞으로 4년 사이에 현재 폭락한 가격의 2배가 될 수 있을 것 같은 종목을 산다는 것도 말했다.

사실 나의 투자법은 간단하다. 매일 주가 움직임을 보며 거래량을 확인하고, 차트 그래프를 보며 추세가 어떤지 점검할 필요가 없다. 산업이 좋아지는지 나빠지는지, 기업의 주요 이슈가 무엇인지 등에 대해서 신경 안 써도 된다. 또 정부의 금리 발표에 신경을 곤두세우고, 소비자 물가와 실업률은 어떤지 등 경제 지표의 움직임에 관심을 가지지 않아도 된다. 투자자들은 대부분 이런 것을 알아내고 분석하느라 굉장히 바쁘게 움직인다. 나는 그런 일 없이 지내고 있으니 수익률은 좀 떨어질 수 있다 하더라도 노력 대비 효과 측면에서는 상당히 괜찮은 투자법이라고 생각한다. 그런데 이 방법을 다른 사람이 그대로 적용하여 비슷한 수익을 얻을 수 있을까? 그럴 수 있다고 말하고 싶은데, 이게 그렇게 간단하지 않다.

비트코인의 경우, 나는 비트코인이 장기적으로 계속 올라간다고 생각한다. 하지만 내 생각에 동의하지 않는 사람도 많다. 나는 비트코인은 공급이 고정되어 있고 수요가 계속 생기고 있으니 올라간다고 생각한다. 그런데 다른 사람들은 공급이 고정되어 있다고 꼭 오르는 것일까 하고 의문을 품기도 한다. 비트코인이 어느 시점에서 더 이상 오르지 않거나, 하락하기 시작할 거라고 보는 것이다. 그러면 비트코인에 투자하기는 어렵다. 투자하더라도 단기, 중기 투자지 장기 투자는 못한다.

나는 매출과 이익을 볼 때, 재무제표로 발표된 수치만 본다. 앞으로 좋아질 것이다, 올해는 얼마의 매출 증가가 있을 것이다 등의 예측치는 고려하지 않는다. 최근 고객층이 줄고 매상이 줄어서 올해 실적이 안 좋을 거라는 예상 기사를 봐도 별로 신경 안 쓴다. 내가 눈여겨보는 것은 실제 재무제표에 기록된 수치뿐이다. 그러나 실제 기록된 수치는 굉장히 늦게 나온다. 그전에 매출과 이익이 급락할 것이 예상되면 미리 파는 게 낫지 않을까? 재무제표를 보고 나서 매수하는 게 아니라, 올해의 매출과 이익이 급등하고 있으니 재무제

     5천만 원으로 시작해 100억 부자가 된 최성락의 투자 이야기

표가 발표되기 전에 미리 사놓으면 더 좋지 않을까? 또, 정부가 금리를 올리면 주식시장 지표는 떨어진다. 주가가 떨어질 거라는 게 눈에 보이는데 어떻게 금리 발표에 무신경할 수가 있는가? 금리 인상 소식이 발표되기 전에 미리 팔고, 금리 발표 이후에 떨어진 가격에 사면 더 이익이 크지 않을까?

투자에는 엄청난 유혹이 있다. '이런 식으로 투자해야지' 하고 결심한다고 해서 그대로 투자할 수 있는 게 아니다. 다이어트 방법은 누구나 다 알고 있다. 먹는 걸 줄이고 운동을 많이 하면 된다. 그런데 그게 잘 안 된다. 투자도 마찬가지다. '이렇게 하면 돈을 벌 수 있다고? 나도 그렇게 하자'고 해서 할 수 있는 게 아니다.

투자에서 방법은 중요하다. 하지만 투자에서 나름 성공하기 위해서는 투자법을 정립하는 것만으로는 안 된다. 투자법 외에 그 무엇이 있다고 생각한다. 투자를 잘할 수 있는 그 무엇이 무엇일까? 그 바탕에는 무엇이 있을까?

첫째, 내가 말할 수 있는 것은 경험이다. 나는 왜 정부의 금리 발표에 별로 신경 쓰지 않는가? 금리가 상승하면 주가가 내린다고 한다. 그게 원칙이다. 그런데 내 경험으로는 꼭 그렇지는 않았다. 단기적으로 내리긴 한다. 하지만 장기적으로는 계속 오르는 경우도 많았다. 금리 인상을 피해 주식을 팔았는데, 이후에 보니 그 주식이 판 가격보다 훨씬 높은 가격대에 있는 경우가 적지 않았다. 가장 최근을 보면 2022년 미국의 금리 인상으로 미국 주가가 대폭락했다. 나스닥 지수는 16,000대에서 10,000대로 폭락했다. 그런데 금리 인하가 이루어지지 않은 2024년 초에 나스닥 지수는 16,000을 넘어섰다. 금리는 여전히 높은 상태인데 주가는 연일 최고가를 찍었다. 금리가 높다고 주식을 팔았다면 그 주식 상승의 기회는 얻을 수 없었다.

이번에 실적이 떨어질 것임이 거의 확실시되면 팔아야 할까? 이익이 떨어지면 분명 주가도 떨어지는가? 그럴 수도 있지만, 아닐 수도 있다. 지금 이익이 급감해도 내년도 이익이 증가할 거라고 예상되면 주가는 더 오를 수 있다. 지금 이익을 잘 내도 앞으로 떨어질 거라고 예상되면 폭락이다. 그런데 그 예상은 얼마나 맞는가?

미래는 아무도 모른다. 한 개인의 미래도 알기 어려운데, 여러 개인의 집합체인 기업의 미래를 알아낸다는 건 훨씬 더 어려운 일이 아닌가. 나는 미래를 예측하려는 노력을 포기했다. 미래를 예측해서 맞춰본 적이 거의 없다. 다른 사람들의 미래 예측도 믿을 수 없다. 그냥 미래 예측치보다 지금 현재 확실한 수치를 믿는 게 낫다. 내 경험으로는 그렇다.

진리를 말한다고 해서 사람들이 곧바로 받아들일 수 있는 것은 아니다. 그동안 각자 경험해온 것이 다르고, 그 경험의 바탕 위에서 자료를 받아들이고 수용한다. 자신의 경험과 자료가 맞아떨어질 때, 그제서야 자료는 정보가 되어 의사결정에 영향을 미친다.

나는 본격적인 투자가였던 적이 없다. 투자업계에서 일한 적도 없고, 매일 투자 정보를 찾고 분석하는 전업 투자자였던 적도 없다. 내 직업도 투자와 관계없는 것이었다. 그러니 나는 프로가 아니라 아마추어 투자자다. 분명 아마추어지만 그래도 오래된 아마추어다.

내가 투자를 처음 시작한 것은 1993년이다. 올해 2026년까지 30년이 넘었다. 그동안 투자에서 완전히 손을 뗀 적도 있긴 하다. 군 복무 기간 동안에는 투자를 할 수 없었고, 부동산 등에 자금이 모두 묶여서 투자를 할 수 없을 때도 있었다. 하지만 그 기간을 제외해도 25년 넘게 투자를 계속해온 건 사실이다.

내가 '이런 식으로 주식투자를 하면 돈을 벌 수 있구나' 하고 처음 느낀 것은 2018년경이다. 이때 매출과 이익이 계속 오르는 기업이 주가도 크게 상승한다는 걸 처음 깨달았다. 매출과 이익이 오르면 주가도 오르는 건 당연한 것 아닌가? 지식 측면에서는 당연하긴 한데, 그걸 마음속으로 깨닫고 받아들인 것은 2018년경이었다. 그 전에는 표면적인 지식이었다가, 이때부터 체득한 정보가 되었다. 주식투자를 시작한 지 무려 25년이 지나서야, 이렇게 하면 수익이 날 수 있다는 투자법을 처음 깨달은 것이다.

내가 1993년 처음 주식투자할 당시에 매출과 이익이 연 20% 정도씩 오르는 기업의 주식을 사라는 말을 들었다면 그대로 실행했을까? 실행한 다음 그 방법을 계속 고수할 수 있었을까? 그건 불가능했을 것이다. 처음 주식투자를 시작하는 사람에게 주식시장은 노다지광으로 보인다. 여기저기 돈 벌 수 있는 데가 널려 있는데, 아무것도 하지 말고 그냥 주식을 사놓고 몇 년간 지켜보기만 하라니, 그게 무슨 주식투자인가? 그리고 왜 연 20% 오르는 기업을 눈여겨보는가? 매출과 이익이 연 50% 오르는 기업들도 있는데 그런 주식을 사면 훨씬 더 큰 돈을 벌 수 있지 않은가?

결국 내가 매출과 이익이 연 20% 오르는 기업에 초점을 맞추게 된 것은 그동안의 경험 때문이다. 주식시장은 노다지 시장인 것 같은데, 그 노다지를 다른 방법으로는 도무지 잡을 수가 없었다. 매출과 이익이 연 50%씩 오르는 떠오르는 신성은 계속 성장하지 못하고 대부분 고꾸라졌다.

어쨌든 나는 투자 경력 30년이 넘는다. 성공 요인으로는 투자법을 알아낸 것보다 그 30년 동안의 경험이 더욱 중요하다. 그런 경험이 없었다면 투자법을 알아내지도 못했을 것이고, 설사 투자법을 알아냈다 해도 그걸 꾸준히 실천할 수는 없었을 것이다. 다이어트 방법은 알아도 실천하지 못하는 대부분의 사람들과 마찬가지다.

책 읽기와 강의 듣기로
계속 공부한다

제대로 된 투자를 위해 필요한 것은 먼저 경험이다. 머리로 아는 것에는 한계가 있다. 투자는 누가 더 많이 알고 있느냐로 결과가 정해지는 게임이 아니다. 사고파는 행동으로 결과가 정해진다. 여기서는 지식보다 경험이 훨씬 더 큰 역할을 한다. 그렇지만 경험한다고 해서 결과가 다 좋아지는 것은 아니다. 내 주위에는 20년, 30년 투자를 해왔는데도 성공적인 투자자가 되지 못한 사람들이 많다. 똑같은 경험을 반복하는 것은 소용없다. 경험이 점점 더 나아져야 한다. 더 나은 경험을 얻기 위해서는 지식이 많아져야 한다. 결국 더 많이 배워야 한다. 계속 배우면서 경험해야 더 나아진다. 배우지 않고 경험만 하면 1년 치 경험을 20년간 스무 번 반복하는 사태가 발생한다.

그럼 어떻게 하면 배울 수 있을까? 배울 수 있는 방법은 두 가지밖에 없다. 하나는 책 읽기, 다른 하나는 강의 듣기다. 왜 꼭 책 읽기가 필요하냐고 반문할 수도 있다. 인터넷에는 투자와 관련된 수많은 기사와 블로그 글들이 있다. 투자 관련 유튜브도 넘칠 만큼 많다. 그렇게 정보를 얻을 수 있는 루트가 많은데 왜 굳이 책이어야 하는가?

책이 중요한 이유는 간단하다. 책이 투자자로서의 사고방식과 투자 방식을 변화시키는 데 영향을 미치기 때문이다. 투자 지식을 얻는 것은 신문 기사, 블로그, 유튜브로도 충분하다. 하지만 지식이 늘어난다고 의사결정이 달라지기는 쉽지 않다. 종목 선정 시 의사결정에는 지식이 중요할 수 있다. 하지만 어떻게 종목을 고르고, 언제 사고 팔 것이냐 등의 의사결정에는 지식이 중요하지 않다. 사고방식과 행동 방식이 중요하다. 신문 기사, 블로그, 유튜브 내용은 하늘에서 그냥 떨어진 것이 아니다. 블로그, 유튜브 내용은 대부분 책에서 가져온 것이다. 책을 요약했든, 책의 아이디어를 빌렸든, 그 출처를 알고보면 대부분 책이다. 블로그, 유튜브는 책 내용을 간략히 정리한 것인데, 그런 정리 요약본만 보아도 된다고 할 수는 없다.

최근에 아이들을 보면 『해리 포터』에 대해 누구나 알고 있다. 『해리 포터』의 주요 등장인물, 주요 사건, 중요한 마술 등에 대해 다 안다. 그런데 대부분은 유튜브를 통해 알고 있다. 유튜브는 요약본이다. 본인은 다 알고 있다고 생각하는데 전체적인 맥락, 세세한 내용은 모른다. 『해리 포터』를 영화로 본 사람과 유튜브로 본 사람이 서로 이야기하면 상대가 안 된다. 영화를 본 사람 입장에서 유튜브를 본 사람이 하는 이야기는 중요한 것들이 모두 빠져 있다. 하지만 영화를 본 사람이라 하더라도 『해리 포터』에 대해 제대로 알고 있는 것은 아니다. 소설을 읽은 사람 입장에서 보면 영화만 본 사람은 『해리 포터』에 대해 많은 걸 모른다. 영화에서는 2시간이라는 상영 시간을 맞추기 위해 주요 줄거리가 아닌 건 모두 제외한다. 그리고 등장인물 간의 세세한 이야기들도 생략돼 있다. 소설을 본 사람과 영화만 본 사람은 알고 있는 지식 측면에서 수준이 다르다. 무엇보다 『해리 포터』를 읽으면서 경험하는 카타르시스를 영화에서는 얻기 힘들다. 사람을 진정으로 바뀌게 하는 건 카타르시스다. 책을 읽으면서 카타르시스가 느껴져야 뭔가 변화할 수 있다. 영화는 재미있긴 하지만 책만큼의 변화를 이끌지는 못한다. 유튜브, 블로그, 기사로만 『해리 포터』를 보면? 줄거리에 대한 지식이 늘어날 뿐이다. 거기서 감동을 느끼고 변화하는 건 기대할 수 없다.

투자 관련 책에서는 어떤 사고방식으로 투자를 하는지가 다양한 측면에서 표현된다. 이게 블로그, 유튜브로 옮겨가면 어떤 종목을 사느냐로 간략화된다. 워런 버핏의 글을 책으로 읽으면 워런 버핏의 투자법을 체득할 수 있다. 하지만 워런 버핏의 투자법을 블로그, 유튜브로 배우면 '해자가 있는 우량기업 주식을 사서 장기간 보유한다'는 정도의 말밖에 할 수 없게 된다. 투자법이 그렇게 간단할 리가 없지 않은가? 해자가 있는 우량기업을 고르는 건 투자 초보도 충분히 할 수 있다. 그러나 워런 버핏은 평생 동안 기업의 사업보고서를 읽으며 수많은 기업가, 투자자들을 만나왔고 그것을 책으로 남겼다. 이런 워런 버핏의 더 깊은 이야기를 접하고 익히기 위해서는 그가 쓴 책을 읽는 수밖에 없다.

강의를 듣는 것도 큰 도움이 된다. 책은 모든 사람에게 열려 있다. 자신만의 비법을 가진 사람들은 모든 사람에게 공개되는 책에 중요한 비법을 싣는 것을 저어한다. 하지만 강의에서는 그런 것도 이야기할 수 있다. 무엇보다 강의는, 특히 유료 강의는 강의료에 상당하는 정보를 제공해야 한다. 그러니 해당 분야의 사람만 알 수 있는 정보, 실제 경험한 사람만 알 수 있는 정보 등을 공개하게 된다.

강의는 선별해서 들어야 한다. 강의에는 순수하게 정보를 제공하는 것이 있고, 강의를 바탕으로 투자자를 모집하려는 것도 있다. 투자자를 모집할 의도가 숨은 강의는 내용이 왜곡될 수 있다. 그래서 나는 유료 강의를 추천한다. 투자자, 고객 유치라는 숨은 목적을 갖고 하는 강의가 아니라, 순수하게 정보 제공을 목적으로 하는 강의 말이다. 이런 강의를 들으면 투자를 어떻게 해야 할지 최소한 한 가지 점에서는 지침을 얻을 수 있다. 이것은 지금 당장은 아니더라도 앞으로 수백만 원, 수천만 원, 나아가 수억 원의 수익 여부에 영향을 미칠 수 있다. 매번 이런 유료 강의를 들을 수 있다면 그게 가장 좋다고 생각한다. 하지만 이런 강의는 어쩌다 한 번 열리지 매일 열리

5천만 원으로 시작해 100억 부자가 된 최성락의 투자 이야기

는 것은 아니다. 평소에는 계속 책을 읽다가, 관련 유료 강의가 개설되면 그 강의를 듣는 것이 투자의 내공을 실질적으로 올리는 방법이다.

나는 책을 많이 읽는다. 하루에 한 권 읽는 것이 원칙이고 실제로는 그보다 조금 더 많은 책을 읽는다. 분야는 다양하다. 사회과학, 논픽션, 경제경영, 역사, 종교, 교양과학, 소설, 국제관계, 인문 등 분야를 가리지 않고 읽고 싶은 대로 읽는다. 하지만 일주일에 한 권 정도는 투자와 경제 관련 책을 읽는다. 특별히 그런 규칙을 정해놓은 것은 아니지만 일주일에 한 권 정도는 이 분야의 책을 집어 들게 된다. 일주일에 한 권이면 1년이면 50권, 20년이면 1,000권이다. 그동안 나는 투자나 경제 관련 책을 1,000권은 읽어왔다. 주식, 부동산, 코인, 대체투자, 투자심리, 투자의 역사, 금융, 돈 등 투자와 경제 관련 책을 20년 넘게 읽어왔고 지금도 계속 읽는 중이다.

나의 투자 방법들은 모두 이런 책에서 나왔다. 내가 무언가 투자 기법을 스스로 개발할 수 있을 리가 없다. 책을 읽긴 했지만 받아들이지 않고 그냥 흘려보낸 내용이 압도적으로 많다. 몇 십 권을 읽어도 거기에서 내가 영감을 받고 투자 행태에 영향을 받는 것은 한두 권 정도다. 수십 권 중 한두 권이니 효율성이 매우 떨어지긴 하지만 그렇게라도 해야 뭔가 새로운 투자 방식에 대한 시사점을 얻을 수 있다.

유료 강의는 1년에 한 번 정도 듣는다. 이것도 20년 가까이 들어오니 투자의 여러 분야에 대한 강의를 골고루 듣게 되었다. 부동산만 해도 상가 투자, 상가 개발, 꼬마빌딩, 경매, 재개발, 재건축, 리모델링, 수익형 부동산 등에 관한 강의를 들었고, 상속, 증여, 가상화폐, 대체투자 등 다양한 분야의 강의를 들어보았다. 이런 강의들은 수강료가 최하 몇 십만 원에서 몇 백만 원까지 한다. 그동안 나는 이런 강의를 듣는 데 수천만 원은 들였을 것이다. 강의 듣기도 지금까지 계속하고 있다.

투자 환경은 계속 변화한다. 투자자가 되려면 그 변화를 계속 따라가야 한다. 그러기 위해서는 계속 배우고 익힐 수밖에 없다. 배우고 익히는 데는 책 읽기와 강의 듣기가 가장 좋은 방법이라고 생각한다. 투자를 계속하는 한 병행해야 한다.

갈수록 중요해지는
장기적 시야

투자로 어느 정도 자산을 얻게 된 후 주위의 많은 사람들이 나에게 투자에 대해 심심찮게 문의한다. '어떤 종목이 좋은가'에서부터 '어떻게 투자하면 되는가' '이 종목을 사야 할까 말아야 할까' '팔까 말까' '계속 가지고 있어도 되는가' 등등 질문 내용도 다양하다. 그래서 다른 사람들과 투자에 대해 이야기하다보면, 대부분의 다른 사람들과 나의 투자관에서 큰 차이점을 발견하게 된다.

현재 뜨는 종목이 좋은가 나쁜가에 대해서는 별로 의견이 엇갈리지 않는다. 다른 사람들이 좋다고 하는 건 나도 좋다고 생각하고, 다른 사람들이 나쁘다고 하는 것은 대부분 나도 나쁘다고 생각한다. 2026년 현재 AI 시대가 도래한다. AI 업체들의 전망이 밝다는 데에는 대부분의 사람들이 동의하며, 나도 그에 대해서는 이견이 없다. 설사 의견이 다르다 하더라도 어떤 점이 좋고 나쁜지 대화하다보면 대개 의견이 수렴된다. 완전히 의견이 일치되지 않는다 하더라도, 어떤 면에서는 긍정적이고 다른 측면에서는 한계가 있다는 등 기본적인 측면에 대해서는 공감대가 형성된다. 성장은 좋지만 이익이 안 좋다거나, 현재 적자를 보고 있어 문제지만 앞으로 흑자가 될 수 있다거나, 재무상 문제가 있어 이자율이 오르면 곤란해질 거라는 등 기본사항은 서로 이야기를 하면 거의 다 공감한다. 의견 차이는 대부분 지식 부족에 의한 것이다. 그동안 몰랐던 것을 새로 알게 되면 쉽게 의견이 바뀌고, 서로 이해할 수 있게 된다.

그런데 투자 결정과 관련해 서로 공감대가 형성되지 않는 분야가 있다. 아무리 말해도 잘 안 통하고, 서로를 설득시킬 수 없다. 설사 공감대가 이루어졌다 해도 실천으로, 행동으로 이어지지 않는다. 바로 '시간'에 대한 것이다.

나는 투자를 장기적으로 생각한다. 주가가 오를 것인가 내릴 것인가에 대한 판단도, 살까 말까 결정하는 것도 장기적인 시각으로 접근한다. 그런데 대부분의 사람들은 단기적이다. 물론 그들은 스스로 장기적인 시각을 지녔다고 생각한다. 하루이틀을 내다보는 게 아니라 몇 달, 심지어 1년까지 내다보니 장기적인 것이 아닌가? 그러나 내 기준으로는 몇 달, 1년은 단기다. 못해도 몇 년은 내다봐야 한다. 투자를 바라보는 시간의 기준이 다르니 모든 면에서 의견이 틀어진다.

나의 투자 기준은 4년이다. 4년 후에 이익이 날지, 아닐지를 기준으로 결정을 한다. 하지만 다른 사람들은 길어야 몇 개월이다. 이러면 같은 현상을 보더라도 투자 결정은 다르게 나타난다. 예를 들어, 지금 굉장히 잘나가는 기업이 있다. 인기 있고 주가도 오르고 있다. 이런 상승세가 최소한 몇 달 동안은 꺾이지 않을 것 같다. 그러면 이주식을 사야 하는가, 말아야 하는가?

많은 사람들에게 이런 주식은 굉장히 좋은 투자 대상이다. 곧바로 사야 한다. 그런데 나는 지금 몇 달 좋은 것 가지고는 투자 대상으로 고려하지 않는다. 몇 년 동안 이 추세가 계속될지를 생각한다. 그러면 지금 히트하는 종목은 대부분 투자 대상이 되기 힘들다. 몇달 동안 이 상승세가 계속되리라는 건 분명해 보이지만, 몇 년 동안지속될지 확신하기란 정말 어렵다. 히트 종목이 몇 달 동안 잘나갈것이다, 몇 년 후에는 어떻게 될지 모른다는 것은 다른 사람들과 나의 의견이 동일하다. 다른 사람이나 나나, 그 회사의 내부자가 아닌한 언론이나 인터넷에서 자료를 얻는다. 그러니 누구나 의견이 비슷할 수밖에 없다.

이렇게 자료와 그에 대한 판단은 동일하지만 실제로 이뤄지는 투자 결정은 다르다. 많은 사람들은 앞으로 몇 년 후에는 몰라도 몇 달동안은 좋을 거라고 생각하면 투자를 한다. 하지만 나는 이런 경우에 몇 년 후를 확신할 수 없으면 투자하지 않는다.

주식이 많이 올랐다. 지나치게 올랐다. 그러면 반드시 하락장이온다. 이 기업은 굉장히 좋은 기업이다. 앞으로 몇 년 후에는 지금보다 훨씬 더 오를 것 같다. 하지만 단기간에 너무 올라서 그 반동으로 지금은 크게 떨어질 것 같다. 여기까지는 나나 다른 사람들의 생각이 똑같다. 차이점은 그다음부터다. 다른 사람들은 장기적으로 더 오르겠지만, 지금 당장 주가가 떨어질 것이 눈에 보이면 팔려고 한다. 지금은 팔고, 주가가 떨어지면 다시 사겠다고 생각한다. 하지만 내 기준은 4년 후다. 지금 폭락할 것 같아도, 4년 후에 지금보다 더 오를 것이라고 생각되면 그대로 가지고 있는다.

몇 달 후의 상승과 하락은 상대적으로 판단하기가 쉽다. 그래서 매수할 것도, 매도할 것도 많다. 하지만 몇 년 후에 오를 것 같다는 판단을 하기는 어렵다. 이 기준으로는 살 수 있는 종목이 거의 없다. 그러니 매수할 일도 별로 없다. 시각이 장기적이냐 단기적이냐, 며칠, 몇 달, 몇 년이냐에 따라 투자 행태는 극적으로 달라진다.

많은 사람들, 특히 투자에 발을 들여놓은 지 얼마 되지 않은 사람들은 스스로 장기투자자라고 이야기하는 경우가 많다. 말은 그렇게 하는데, 실제 행동이 장기투자자인 경우는 극히 드물다. 아무리 몇 년 후에 좋아질 거라고 해도 지금 당장 안 좋고, 앞으로 몇 달 동안 안 좋을 거라고 예상되면 손을 뗀다. 스스로 장기 투자자라고 생각하는 건 별로 의미가 없다. 실제 투자 결정과 행태가 장기투자여야 한다.

처음에 나는 투자에서 시간이 그렇게 중요하다고 생각하지 않았다. 투자에서는 심리가 중요하다는 것, 종목 선정보다 투자 방법이 중요하다는 생각은 해왔다. 하지만 시간의 중요성에 대해서는 별로 의식하지 못했다. 그런데 최근에는 투자에서 가장 중요한 것은 시간이 아닌가 생각한다.

나와 다른 사람들의 주요한 차이도 바로 '시간'에 있었다. 나는 투자에 관한 지식 면에서 다른 사람들보다 별로 낫지 않다. 보통 사람들보다는 좀 나을 수 있겠지만, 소위 전업투자자나 애널리스트 등 투자를 직업으로 하는 사람들과 비교할 수준은 아니다. 투자를 직접 하지 않으면서 매일 주식 정보를 챙기는 사람들도 나보다는 월등히 주식에 대한 지식이 많다. 나의 투자 방법도 특별한 게 아니다. 매출과 이익이 연 20% 성장하는 기업을 고른다는 것도 몹시 평범한 방법이다. 아주 일반적인 성장주 투자법을 조금 변형시킨 것에 불과하다. 그런데도 내가 투자에서 나름대로 성공할 수 있었던 비결은 무엇일까? 바로 '시간'에 대한 관점에 있다.

비트코인의 예를 들어보자. 비트코인 가격 전망에 대해서는 말이 많다. 오를 거라는 말도 있지만 떨어질 것이다, 폭락할 것이다 등등 다양한 전망이 있다. 그런데 가격 전망을 자세히 살펴보면 대부분 앞으로 몇 주, 몇 달 사이에 떨어질 거라는 예측이다. 투자기관들은 그렇게 단기적으로 떨어질 거라고 예측하는 기사를 내면서 보통 한마디 정도 추가한다. '장기적으로는 오를 것'이라고. 몇 년을 내다보면 오를 전망이지만 앞으로 몇 주, 몇 달 기준으로는 떨어질 것이니 지금은 파는 게 맞다는 이야기가 대부분이다. 비트코인을 팔아야 한다는 사람들도 대부분 장기적으로는 오를 거라고 내다본다. 이렇 듯 시장을 보는 눈은 비슷하다. 전망은 비슷하지만 어느 시점에 초점을 맞추냐에 따라 실제 투자 형태는 다르게 나타난다.

확실히 나는 남들보다 장기적인 시각으로 투자 기준을 정한다. 그런데 사실 이것은 투자에 한정된 것은 아니다. 예를 들어, 다이어 트를 해서 살을 10킬로 빼려고 한다. 그럼 어느 기간 안에 살을 빼야 할까? 나는 1년을 잡는다. 1달에 1킬로 정도씩 1년 동안 살을 빼겠다고 계획을 세운다. 아니면 1달에 500그램씩 2년 정도를 계획한다. 그런데 대부분의 사람들은 1년씩 생각하지 않는다. 두세 달 안에 10킬로를 빼려고 한다. 두세 달 사이에 10킬로 빼기는 정말 어렵다. 그리고 설사 두세 달 안에 10킬로 감량에 성공한다 해도 부작용이 있을 수 있고, 요요 위험성도 높다. 하지만 한 달에 500그램이나 1킬로 정도 빼는 것은 그리 어렵지 않다. 물론 간단하지는 않지만, 그래도 한 달에 2~3킬로 빼는 것보다는 훨씬 쉽다. 부작용도 거의 없고, 요요현상이 나타날 가능성도 낮다. 1년에 10킬로를 뺄 때 중요한 것은 그냥 꾸준한 것이다. 꾸준하기만 하면 성공 가능성이 높다. 외국어를 새로 배우려고 할 때 기간을 어느 정도로 계획을 세워야 할까? 외국어는 오래 걸리니 1~2년? 나는 최소 5년을 두고 계획을 세운다. 5년 동안 해도 유창하게 말할 수 있게 되리라고 기대하지는 않는다. 유창해지기 위해서는 10년 이상이 걸린다고 생각한다.

사실 나는 투자 말고 다른 분야에서도 시간에 대한 관점이 좀 길다. 투자 기준을 특별히 길게 설정했다기보다는 뭔가를 하겠다고 했을 때 시간을 굉장히 오래 잡는다. 이게 특별히 좋다고는 생각하지 않는다. 10킬로를 빼는 데 1년에 걸쳐 한다고 하면 사람들이 훌륭하다고 말하기보다는, 그게 뭐냐는 반응이 더 많다. 외국어를 5~10년에 걸쳐 배우겠다고 하면, 정말 배우려는 게 맞냐고 한다.

하지만 이렇게 장기적인 관점이 효율성 면에서 더 좋다고 생각한다. 10킬로를 1년에 걸쳐 빼겠다고 하면 1년 후에 살이 빠져 있을 가능성이 더 높다. 외국어를 5년 동안 공부하면 5년 후에는 실력이 분명 늘어 있을 것이다. 투자도 그렇다. 4년을 기준으로 하면 지금 당장은 몰라도 4년 후에 더 자산이 늘어 있을 것이다.

어쩌면 실적을 올리는 데 가장 좋은 방법은 장기적인 시각을 갖는 것 아닐까? 요즘 그런 생각을 한다. 어쨌든 나와 다른 투자자 사이의 가장 큰 차이점은 바로 이 장기적인 시각이다.

폭락장이
투자의 성패를 결정한다

나는 어떤 종목을 고르느냐가 아니라, 어떤 방식으로 투자하느냐가 훨씬 더 중요하다고 생각한다. 아무리 몇 배 오르는 종목이라 해도, 투자 방식이 '구매한 가격에서 30% 오르면 판다' 같은 것이면 제대로 된 수익을 얻을 수 없다. 높은 수익을 달성할 수 있는 투자 방식을 만드는 것이 먼저다. 어떤 주식을 살 것이며, 언제 사고 언제 팔 것인가에 대한 자신의 원칙을 먼저 정해야 한다. 그래야 진짜 투자자가 될 수 있다.

그리고 이 투자 원칙은 한 가지가 아니라 3가지로 구분해야 한다. 평상시, 폭등기, 그리고 폭락기. 그중에서 가장 중요한 것은 폭락기 투자법이다. 평상시 투자법은 잘되면 적정한 수익을 얻고, 잘못되면 계속 손실을 볼 것이다. 폭등기의 투자법은 잘되면 큰 수익을 얻을 수 있지만, 잘못되면 수익을 얻지 못하는 것에서 끝난다. 고수익을 얻지 못할 뿐이지 손해를 보는 것은 아니다.

문제는 폭락기다. 이때는 잘못하면 정말로 망한다. 그냥 투자금만 날아가는 정도가 아니다. 레버리지를 많이 끌어 썼으면 빚의 구렁텅이에 빠지게 된다. 반대로 폭락기에 잘 대처하면 큰 수익을 얻을 수 있다. 폭등기보다 폭락기에 오히려 더 많은 수익을 올릴 수 있다. 하지만 폭락기에 더 많은 수익을 얻기란 쉽지 않다. 준비 없이 폭락기를 맞으면 엄청난 손실을 낸 채 끝난다. 폭락기에 망하지 않고 큰 수익을 얻을 수 있으려면 평소에 그에 대한 준비를 계속해야 한다.

평상시 투자법도 폭락기가 오면 어떻게 될지를 반드시 반영해야 한다. 폭락기는 예고하고 찾아오지 않는다. 어느 날 갑자기 닥친다. 처음부터 폭락이라는 것을 알아챌 수 있는 것도 아니다. 보통 때는 주가가 5%, 10% 떨어지면 '이 정도 떨어졌으니 더 떨어지지는 않겠지, 반등하겠지' 하고 생각한다. 평상시에는 그런 판단이 맞다. 그러나 폭락기에는 10% 떨어진 상태에서 더 떨어진다. 20% 떨어졌는데 거기서 또 떨어진다. 이제 떨어질 만큼 떨어졌으니 더 이상 떨어지는 일은 없을 거라고 생각하는데, 그래도 더 떨어진다. 일정 기준을 넘어 하염없이 떨어진다. 일반적인 이성과 상식으로 판단할 수 없는 하락, 그것이 폭락장이다. 이런 폭락장에서는 평상시의 투자법은 아무런 힘도 발휘하지 못한다. 폭락장에서의 투자법은 따로 마련해야 한다. 내가 평소에 신용거래, 레버리지를 사용하지 않는 이유도 폭락장에 대비하기 위해서다. 신용거래, 레버리지를 사용하면 평상시에는 더 높은 수익을 올릴 수 있다. 하지만 빚을 내서 주식 투자, 코인 투자를 하면 폭락을 맞았을 때 그냥 망한다.

나는 빚 자체에는 반대하지 않는다. 실제로 나는 부동산에서 많은 빚을 가지고 있다. 하지만 부동산 빚은 폭락이 왔다고 해서 크게 문제 되지 않는다. 부동산 빚에는 만기가 있고, 만기 전에 빚을 갚으라고 압류가 들어오거나 하지 않는다. 이런 빚은 있어도 되며, 오히려 최대한 많은 게 유리하다.

하지만 주식은 다르다. 신용거래를 했을 때 폭락이 오면 보유 중인 주식을 강제로 팔아서 빚 청산을 해야 한다. 선물, 외환, CFD 거래 등도 모두 빚을 기반으로 한 거래다. 이런 거래는 폭락이 왔을 때 망한다. 나는 이런 거래는 모두 피한다. 언제 다가올지 모르는 폭락에 대한 대비책이다.

코인은 말할 것도 없다. 비트코인도 50% 폭락이 2년에 한 번씩은 있었다. 레버리지를 써서 투자하면 폭락기에 대부분의 재산을 잃는다. 고수익을 얻는 것보다 큰 손실을 피하는 것이 우선이다. 나는 비트코인에서도 신용거래는 하지 않는다.

레버리지 ETF는 괜찮다고 생각한다. 레버리지 ETF는 폭락할 때 가격이 크게 떨어지지만 그래도 모든 투자금이 날아간다거나, 빚을 진다거나 하지는 않는다. 그냥 손실만 커질 뿐이다. 이러면 회복기에 기회가 있다. 그러나 신용거래에서는 그냥 망하고 만다. 폭락기에 대비하는 투자법의 기본은 평소에 신용거래를 하지 않는 것이다.

폭락기 다음에는 회복기가 온다. 이때의 회복은 가격이 오른다기보다는 예전 가격으로 돌아가는 것이다. 하지만 폭락이 크면 예전 가격으로 돌아가는 것만으로도 큰 폭등이 된다. 진짜 폭등기의 주가 상승보다 훨씬 더 큰 비율로 오른다. 투자에서 진짜 큰 수익은 이때 나온다. 폭락기 이후의 회복기가 가장 확실하게 수익을 얻을 수 있는 시기다.

회복기가 가장 큰 수익을 얻을 수 있는 시기라는 건 웬만한 투자자들은 다 아는 사실이다. 문제는 실제로 회복기에 수익을 얻는 사람이 매우 드물다는 점이다. 이때 큰 수익을 얻으려면 폭락해서 굉장히 싼 가격이 됐을 때 새로 구매할 수 있는 여력이 있어야 한다. 하지만 대부분의 투자자들은 이때 남아 있는 돈이 없다. 주가 폭락으로 모든 돈을 잃었는데 여력이 남아 있을 리가 없다. 망하지 않고 계속 주식을 가지고 있는 사람은, 회복기에 손실을 만회하긴 하지만 추가로 큰 수익을 얻는 건 아니다. 폭락기에 큰 수익을 얻으려면 추가적으로 매입할 돈이 있어야 한다. 이때 자금이 있으면 큰 수익을 얻고, 없으면 큰 수익을 얻기가 불가능하다.

그래서 폭락기에 대비한 투자법의 두 번째는 폭락기에 현금이 있어야 한다는 점이다. 어떻게 폭락기에 현금이 있을 수 있는가는 투자법에 따라 다르다. 항상 자산의 일정 비율을 현금으로 보유하고 있을 수도 있고, 평상시 인버스 ETF 등을 일정 비율로 보유하고 있어, 폭락기에 자산이 늘어나는 부분을 만들어놓을 수도 있다. 인버스 ETF를 가지고 있으면 폭락했을 때 가격이 오르고, 그러면 회복기에 들어설 때 매수할 수 있는 기본 자금이 된다.

그다음으로 중요한 것은 폭락기에 모든 자산 가격이 떨어졌을 때, 어떤 걸 살지 정해놓는 것이다. 확실히 어떤 종목을 살 것인지는 정하지 않더라도 어떤 기준으로 어떤 종목을 선택할 것인지에 대한 기준은 마련해두어야 한다. 이때는 나의 기준이라 했던 매출과 이익이 계속 오르는 종목을 산다는 기준을 적용하지 않아도 된다. 4년에 2배라는 기준도 별 의미가 없다. 그것은 평상시의 기준이지 폭락기에 적용할 기준은 아니다.

폭락기에는 원래 가격으로 확실히 되돌아갈 수 있는 종목, 다른 것보다 더 짧은 시간 안에 가격이 회복되는 종목이 기준이 되어야 한다. 폭락 후에 어떤 종목은 회복하지 못하는 경우도 있다. 회복하더라도 시간이 매우 오래 걸리는 종목도 있다. 그런 종목을 피하고 빨리 제자리로 돌아가는 종목을 사야 한다. 이때 회복을 제대로 하는 종목은 우량주이다. 다른 때라면 몰라도, 이때는 재무 상태가 튼튼한 우량주가 가장 확실한 투자처가 된다.

시장에서 폭락은 계속 발생한다. 몇 년은 무사히 넘어가도 10년에 한 번은 분명 온다. 크게 잃느냐, 아니면 크게 얻느냐의 갈림길이다. 투자 성적은 이런 폭락기를 어떻게 넘기느냐에 따라 완전히 달라진다. 시장 상승기에 큰 재산을 얻었다는 사람을 부러워할 필요는 없다. 그런 사람들 상당수는 벌어들인 재산 대부분을 폭락기에 토해낸다. 폭락기를 거치면서 크게 재산이 늘어난 사람들이 진짜 투자자다.

나는 평소에 지금 당장의 투자에 대해 별로 생각하지 않는다. 투자를 하긴 하지만 새로 생각할 것은 별로 없다. 그냥 장기적이고 규칙적이며 반복적인 투자를 실행할 뿐이다. 내가 투자에 대해 많이 생각하는 것은 다음 폭락기는 언제 올까, 그리고 그때 어떻게 해야 할까이다. 예상하지 못한 시점에 닥치는 폭락기, 그것에 어떻게 대비하고 어떻게 투자해야 할까 하는 것이 주요 고민 사항이다. 다시 한번 말하지만, 투자에서 승부 시점은 대폭락기다. 폭락기가 투자의 성패를 가른다. 폭락기에 대한 대비가 정말 중요한 투자 원칙이라는 것을 잊지 말자.

주변의 도움도
중요하다

내 자산이 만들어지는 과정에서 굉장히 중요한 역할을 했다고 인정하는 것이 있다. 주변 사람들의 금전적 지원이다. 이들의 금전적 지원이 없었다면 지금의 자산이 만들어지는 건 불가능했을 것이다. 가능했다고 하더라도 시간이 훨씬 더 오래 걸렸을 것이다. 주변 사람들의 금전적 지원, 이 부분과 관련해 나에게는 굉장한 행운이 있었다.

투자로 큰돈 모으기가 어려운 이유는 무엇일까? 일단 작은 돈을 큰돈으로 늘리는 게 쉽지 않다. 하지만 큰돈으로 늘리는 데 성공한다고 해도, 그것을 유지하기 어려운 경우도 많다. 가장 큰 이유는 도중에 돈을 써버리기 때문이다. 예를 들어 1,000만 원으로 1억 원을 만들었다고 하자. 이대로 계속하면 10억 원이 될 수 있고, 그 이후 몇 십억 원으로 증가하는 것도 가능하다. 그런데 1,000만 원이 1억 원이 됐을 때 차를 새로 바꿔야 한다면? 1억 원이라는 돈이 있으니 별 부담 없이 외제차를 살 수 있다. 그래서 5천만 원짜리 차를 산다. 새로운 차를 산 것은 좋다. 그런데 투자금이 1억 원에서 5천만 원으로 줄어든다. 5천만 원이 다시 1억 원이 되기 위해서는 몇 년이 걸린다. 차를 산 것은 어쩔 수 없는 일이긴 한데, 그 때문에 1억 달성까지 몇 년이 늦어진다.

1억 원으로 투자에 성공해 10억 원이 되었다고 하자. 이대로 계속하면 몇 십억을 가진 자산가가 될 수 있다. 그런데 중간에 집을 사야 했다고 하자. 10억 원이 있으니 10억짜리 아파트를 살 수 있다. 이때 10억 원을 모두 들여 그동안 사고 싶었던 아파트를 사면 투자로 크게 성공했다고 생각할 수 있다. 그런데 이 경우에 보유 자산은 10억에서 끝난다. 새롭게 투자하려면 1,000만 원 모으기부터 시작해야 한다. 다시 자산 10억 원이 만들어지기까지는 몇 십 년이 걸릴지 모른다. 혹은 가진 돈 10억을 모두 다 쓰지 않고 2~3억 정도 남겨놓고 아파트를 살 수도 있다. 그렇게 해도 원래 투자금이었던 10억까지 늘리기 위해서는 굉장히 오랜 시간이 걸린다. 인생의 시간을 생각하면 이때부터 몇 십억 자산가가 되기까지는 굉장히 힘들다.

꼭 집이나 자동차를 사지 않더라도 인생을 살다보면 큰돈을 지출할 일이 생긴다. 많지는 않지만 그래도 몇 번은 그런 일이 생긴다. 결혼할 때, 가족이 늘어 보다 넓은 집을 구해야 할 때 큰 지출이 생길 수 있다. 또 자녀 교육을 위해 지출하는 돈도 크다. 자식이 대학에 들어갈 때, 또는 유학 가겠다고 할 때, 돈이 없으면 모를까 있는데도 쓰지 않기는 매우 힘들다. 자식이 유학비를 도와달라고 하는데, 지금 있는 돈은 자산을 늘리는 데 필요한 투자금이니 도와줄 수 없다고 말할 수 있는 부모는 없다. 이런저런 이유로 어쩔 수 없이 투자금에 몇 번 지출이 생기면 큰 자산을 모으기는 어려워진다. 자산을 모으더라도 그 시기가 매우 늦어진다.

아예 큰 자산이 만들어진 후에 지출해야 할 일이 생기면 그건 괜찮다. 30억 자산이 만들어졌는데 자식의 유학비로 그때부터 도와줘야 한다면, 큰 손실 없이 도와줄 수 있다. 30억 자산에서 3억 정도를 유학비로 도와주면 27억이 된다. 연 5% 정도 투자 수익을 얻는다면 2년이면 메울 수 있다. 하지만 자산이 5억 있는데 유학비로 3억을 도와주면 남는 것은 2억뿐이다. 5% 투자 수익을 얻을 수 있다면 다시 5억이 되는데 10년이 훨씬 넘게 걸린다. 큰돈을 지출하는 순간이 언제 찾아오느냐에 따라 투자 인생이 달라진다. 지출의 순간이 언제 찾아오느냐는 정말 운이라고밖에 할 수 없다.

나에게도 큰돈을 지출해야 하는 순간이 찾아왔다. 부동산을 구입할 때였다. 앞에서 이야기한 대로 집을 사야 할 때가 두 번 있었고, 그때마다 큰돈을 지출해야 했다. 다른 지역도 아니고 강남 아파트와 빌라였다. 특히 강남 아파트는 있는 돈을 다 털어야 할 정도였다. 아파트는 어쩔 수 없이 구입해야 했다. 하지만 여기에 투자금을 다

쓰면 그건 정말 곤란했다. 최대한 현금을 사용하지 않아도 되는 방법을 찾았다. 대출을 끌어들였고, 완납이 아닌 분납 등의 방법도 찾았다. 하지만 그래도 큰 뭉의 자금이 빠져나가는 건 피할 수 없었다. 그런데 이때 자금을 융통해주고, 돈을 빌려준 분들이 있었다.

필요한 모든 돈이 은행 대출과 주위 사람들의 융통으로만 마련된 것은 아니다. 아무리 도와주는 돈이 있었다고 해도, 내 투자금이 어느 정도 깨지는 걸 감수할 수밖에 없었다. 하지만 원래대로라면 당시의 투자금 거의 전액이 들어가야 했다. 그러나 주위의 도움으로 투자금을 크게 깨지 않고 집을 살 수 있었다.

당시 주위 사람의 도움이 없었다면 그 후 나의 투자 궤적은 많이 달라졌을 것이다. 그 후에도 주위의 도움은 계속 이어졌다. 집을 구할 때만큼은 아니지만 그래도 돈을 지출할 일이 계속 생겼다. 그런데 그때마다 주위에서 도움을 주는 경우가 많았다. 물론 그냥 돈을 융통받지는 않았다. 돈을 빌리는 것이었고, 그에 대한 이자를 지불했다.

현재 나는 백수다. 월급이 나오는 정규 직업이 없다. 이러면 은행 대출이 나오지 않는다. 자산이 많다 해도 은행은 자산을 가지고 대출을 해주지 않는다. 특히 주택담보 대출은 소득에 따라 금액이 결정된다. 나는 100억이 넘는 자산을 가지고 있지만 소득이 없기에 주택담보 대출은 2억도 나오지 않는다. 이런 상황에서 내게 돈을 융통해주는 사람들은 정말 고마운 사람들이다. 내가 돈을 빌려 달라고 손을 내밀지 않는데도 돈을 융통해주겠다고 먼저 제안해주었다. 고마운 분들의 도움으로 투자금이 늘어났고, 그에 따라 투자 실적도 나쁘지 않게 되었다.

투자 과정에서 주위의 도움은 굉장히 중요했다. 특히 많은 투자금이 빠져나가야 하는 상황에서는 정말 큰 도움이 되었다. 이 부분은 정말 감사한 일이다.

부자 되는 자질이
따로 있을까?

부자가 될 수 있는 '자질'이라고 할 만한 게 있을까? 어떤 사람들이 부자가 된다는 규칙이 있을까?

내가 무언가를 이루기 위해 가장 필요하다고 생각하는 것은 해보고 잘 안 되면 다른 방법을 시도해보고, 또 안 되면 다른 방법을 찾아보는 것이다. 실행을 해보고 결과에 따라 계속 피드백하는 과정, 그것만 제대로 이루어지면 원하는 목표에 점점 더 가까워질 수 있다.

경영학에는 이에 대한 이론도 있다. PDCA 모델이다. 이 모델은 Plan-Do-Check-Act(계획-실행-검토-개선)를 기본 구조로 삼는다. 먼저 계획을 세우고, 실행하여 그 결과를 검토하고 이를 반영하여 수정하고, 다시 실행한다. 경영학의 모든 성장, 발전 이론은 이 PDCA 모델을 기본으로 한다. 이 외에 여러 발전 모델이 있기는 한데, 그것은 모두 PDCA 모델을 변형시킨 것들이다. 내가 지금까지 해온 것도 사실 PDCA 모델을 기본으로 한다. 해볼 만하겠다고 생각하면 실행해본다. 그리고 제대로 안 되면 다른 방법을 찾는다. 그러다보니 여러 투자법을 직·간접적으로 경험한다. 그렇게 여러 방법을 시도해보면 그중 성과가 좋은 게 나온다. 그러면 그 방법을 계속 고수한다. 그 방법을 유지하면서 또 더 좋은 방법이 있는지 찾아본다.

이 과정을 수행하는 데 특정한 자질이 필요한 것은 아니다. 인문학은 사람의 특별한 재능, 성격 등을 중시한다. 하지만 사회과학은 사람의 특수성을 잘 인정하지 않고, 보편적으로 적용되는 법칙을 찾으려고 한다. 특수한 자질이 있어야만 시행할 수 있는 방법은 천재론에서는 이야기할 수 있어도, 사회과학 이론에서는 논의하지 않는다. 회사의 경우, 어느 누가 사장이나 간부, 직원이 되더라도 회사가 굴러갈 수 있어야 한다. 그래서 경영학은 보통 사람들의 이론이다. 아주 특별한 자질을 가진 사람이 있어야만 회사가 잘될 수 있다면 그런 회사는 그 사람이 퇴직하면 망한다. 경영학에서는 그런 것을 논의하지 않는다. 즉, PDCA는 보통 사람들이 모두 적용할 수 있는 발전 전략이다. 개인의 자질이나 성격은 그리 중요하지 않다. 그래서 나는 부자가 되는 데에도 개인의 자질은 그렇게 중요하지 않다고 생각한다. 투자의 세계에 들어와서 계획−실행−검토−개선을 계속 실행하다보면 분명 나아질 수 있다. PDCA가 중요하다면 개인의 자질은 아무런 의미가 없는 것일까? 그렇지는 않다. 정말로 중요한 것은 PDCA지만, 이를 잘 수행하기 위해 개인의 자질이 맞으면 훨씬 더 효과적이다.

투자에서 PDCA를 수행하려면 장기간이 필요하다. 한 가지 방법을 사용하여 결과를 얻고 그에 대한 평가를 하기 위해서는 몇 주, 몇 달 가지고는 안 된다. 최소 1년 이상의 시간을 두어야 투자 결과를 평가할 수 있고, 피드백을 할 수 있다. 이렇게 오랜 시간 동안 투자하고 평가를 하려면 장기간 투자에 대한 관심이 있어야 한다. 투자를 좋아하는 사람만이 이런 장기간의 투자 PDCA 과정을 어렵지 않게 수행할 수 있다.

그렇다면 투자를 잘하는 사람은 어떤 자질을 가지고 있을까? 내 생각에 투자의 자질은 도박의 자질과 비슷하다. 도박을 잘하는 사람이 투자를 잘할 수 있다. 확실하지 않은 것에 베팅하고, 그 결과에 크게 마음을 뺏기지 않으면서 자기 원칙대로 게임을 운영할 수 있는 능력, 그것이 도박을 잘하는 비결이자 투자를 잘할 수 있는 비결이다.

중요한 것은 도박을 좋아하는 것과 잘하는 것은 다르다는 점이다. 도박을 좋아하긴 하지만 도박에서 잃기만 하는 사람은 굉장히 많다. 도박에서 주로 잃는 사람이 투자에서 잘할 것을 기대하기는 어렵다. 투자는 도박보다 훨씬 금액이 크다. 도박에서 마음이 흔들리는 사람은 투자에서는 더욱 평정심을 얻기가 힘들다. 도박에서 크게 잃지 않고 게임을 운영할 수 있는 사람이 투자도 잘할 수 있다.

도박에서 돈을 따는 것이 그저 운이라고 생각하는 사람은 투자에서 돈을 버는 것도 운이라고 생각할 수 있다. 물론, 도박의 결과는 운이다. 포커, 블랙잭, 룰렛, 바카라 등의 도박에서 어떤 결과가 나오느냐는 100% 운이다. 승패는 분명 운인데, 이런 게임에서 얼마나 돈을 잃고 따느냐는 운이 아니다. 포커를 해보면 100% 모든 게임에서 돈을 따지는 못하지만, 그래도 대부분 게임에서 돈을 따는 사람이 있지 않은가? 바카라는 자신의 선택이 결과에 전혀 영향을 미치지 못하지만, 돈을 잃더라도 크게 잃지 않고 자주 따는 사람이 있지 않은가?

도박은 단순히 승패의 결과에 따라 돈을 벌고 잃는 게임이 아니다. 언제, 어떻게 베팅하느냐, 베팅 금액을 어떻게 조절하느냐에 따라 똑같은 승패를 겪더라도 돈을 버느냐 잃느냐, 벌어도 얼마나 버느냐, 잃어도 얼마나 잃느냐가 달라진다. 승패 자체는 운이라 하더라도 게임 운영을 어떻게 하느냐에 따라 손실과 이익의 크기가 달라지는 것이다. 투자도 마찬가지다. 투자의 결과는 아무도 모른다. 100% 확실한 투자는 없다. 하지만 그런 불확실한 투자에서 돈을 버는가, 잃는가, 벌면 얼마를 버는가는 투자 운영 방식에 따라 크게 달라진다.

그런 점에서 나는 투자로 부자가 되는 자질과, 도박 게임에서 돈을 버는 자질은 비슷하다고 생각한다. 이전에도 그런 생각으로 『나는 카지노에서 투자를 배웠다』라는 책을 썼다. 지금은 이 책을 썼을 때보다 자산 규모가 훨씬 더 커졌는데, 이런 믿음은 더욱 강해졌다. 그래서 투자를 잘하기 위해 훈련을 한다면 포커, 바카라, 화투 같은 게임을 많이 해보는 게 좋지 않을까 생각한다. 게임을 많이 하는 게 포인트가 아니라, 이런 게임에서 돈을 따는 것, 최소한 잃지 않는 것이 핵심이다. 이런 게임에서 수익을 올릴 수 있고 큰돈을 잃지 않을 수 있다면, 투자를 잘할 수 있는 바탕이 될 것이다.

도박을 좋아하는 사람은 많다. 하지만 도박에서 돈을 벌 수 있는 사람은 절대적으로 소수다. 투자를 하는 사람도 많다. 하지만 투자에서 돈을 벌 수 있는 사람, 특히 큰돈을 벌 수 있는 사람도 소수다. 도박에서 돈을 벌 수 있는 시스템과 투자에서 돈을 벌 수 있는 시스템은 비슷하다. 그러니 도박사의 자질이 곧 성공적인 투자자의 자질이다.

자기만의 투자 방법을
평생 찾고 다듬어라

한 15년 전, 그러니까 40대 초반이었을 것이다. 당시 읽던 책에서 죽고 난 후 묘비명에 어떻게 써질 것인지를 생각하라는 글을 마주했다. '묘비명에 어떤 사람이었다고 적히고 싶은가. 그게 자기가 정말로 원하는 자신의 모습이다.' 이 대목을 읽고 묘비에 어떻게 쓰이는 게 좋을지 생각해보았다. 나는 어떤 사람으로 규정되고 싶은가? 세 가지로 정리가 되었다. 저술가, 여행가, 그리고 투자가.

인생을 한 가지로만 정리하기엔 너무 단조롭다 해도 세 가지는 너무 많지 않을까? 그래서 한 가지를 빼보려고 했는데, 결국 실패했다. 세 가지 모두 나에게는 소중했다.

이후부터는 매년 초 연간 플래너를 정리할 때, 이 세 가지에 대한 인생 목표, 1년 목표를 적고 있다. 저술가로서 1년 동안 무슨 일을 해야 할까, 여행가로서 어디를 가야 할까, 그리고 투자자로서 어떻게 해야 할까? 하는 식으로.

당시 나의 직업은 교수였다. 그러나 내가 원하는 인생길에 '교수'는 없었다. 훌륭한 학자가 되겠다거나, 좋은 논문을 쓰겠다거나 하는 목표는 없었다. 훗날 교수 월급이 없어도 살아갈 수 있다고 여겨지자, 교수직을 그만둘 수 있었던 이유다.

저술가, 여행가, 투자가. 내가 추구하는 삶의 세 가지 방향이다. 15년 동안 이것을 의식하고 살다보니, 이 세 가지 면에서 분명 나아지는 게 있었다.

어쨌든 나는 지금까지 20권이 넘는 책을 냈다. 책은 정말 돈이 안된다. 책을 쓴다고 해서 달라지는 것은 없다. 그런데도 내가 계속 책을 쓰고 싶은 건 나 자신을 저술가로 규정했기 때문이다. 원래 책은 저자의 마케팅 수단이다. 책을 썼으면 그 책을 바탕으로 활동을 해야 한다. 한 분야에 대한 책을 몇 권 쓰면 그 분야에서 전문가로 인정받으면서 책을 바탕으로 활동하기가 쉽다. 그런데 나는 책을 바탕으로 강연 활동을 하지 않는다. 게다가 한 분야에 대해서만 쓰지 않고 잡다하게 쓴다. 마케팅 수단으로 책을 쓴다면 이렇게 해선 곤란하다. 하지만 나는 그런 것에 상관하지 않고 책을 쓰고 있다. 내 목표는 어디까지나 책 쓰는 사람, 저술가이기 때문이다.

여행도 계속 다니고 있다. 처음에는 여러 군데 찍고 오는 여행이었고, 그 후 테마 여행으로 형태가 바뀌었다. 지금은 발전을 위한 여행이 조금씩 이루어지고 있는데, 더 지나면 휴식을 위한 여행, 생활로서의 여행을 추구하게 될지 모른다. 어쨌든 여행에서도 범위가 넓어지고, 여행에 대한 생각도 깊어지고 있다. 여행가로 묘비명에 적히는 데에도 별문제가 없을 것 같다.

투자에서도 눈에 띄는 성과를 이루었다. 사실 이 세 가지 중 투자에서의 변화가 스스로 가장 놀랍다. 투자가가 되어 성공하고 싶었던 건 사실이다. 그러나 정말로 이렇게 많은 자산이 만들어질 거라고 예상했느냐 하면 그건 아니다. 바라는 것과 현실이 되는 것은 다르지 않은가.

20억이 됐을 때, 투자로 돈을 충분히 벌면 직장을 그만두겠다고 마음먹었다. 그러나 그런 날이 언제 올지는 기약할 수 없었다. 정년퇴직 전에 그날이 오기는 할까 싶었다. 65세 정년이 되기 3~4년 전에 정년까지 살아갈 돈을 버는 정도는 가능할 것 같았다. 하지만 정년을 13년 앞두고 일을 그만둘 수 있으리라고는 미처 몰랐다.

50억이 되어 직장을 그만두었을 때도, 이걸 가지고 남은 인생을 살아갈 수 있을 거라고는 생각했지만 여기서 자산이 더 늘어날 거라고는 예측하지 못했다. 자산이 그 후에도 증가해 100억이 넘을 거라고 생각했다면, 직장을 그만둔 후에 돈 때문에 그토록 걱정하고 고민하지 않았을 것이다. 나는 투자와 관련해 예상 밖으로 크게 성공한 게 맞다. 그러니 묘비명에 '투자가'라고 쓸 수 있으리라.

그럼, 앞으로는 어떻게 할 것인가? 충분한 돈을 벌었으니 이제 투자를 그만두고 있는 돈이나 잘 관리하면서 살 것인가? 혹자는 이제

     5천만 원으로 시작해 100억 부자가 된 최성락의 투자 이야기

충분히 먹고살 수 있으니 돈을 더 벌려고 하지 않아도 되지 않느냐고 말한다. 맞는 말이다. 최소한 돈을 더 벌지 않아도 지금의 생활 수준을 평생 유지할 수 있을 것이다. 그리고 직업적인 투자자였다면 이만 은퇴해도 될 것이다. 돈이 목적이었다면 충분한 돈을 벌었으니까. 하지만 묘비명에 '투자가'로 적히고 싶다면 상황이 달라진다. 그것은 나의 정체성에 관한 문제다. 나는 직업이나 돈과 상관없이 평생 투자가로 살고 싶다.

유명 소설가가 되는 게 목적이라면 유명해진 후에는 소설을 쓰지 않아도 된다. 베스트셀러를 쓰는 게 목적이라면 베스트셀러를 낸 다음에는 더 이상 책을 쓰지 않아도 된다. 돈 버는 게 책을 쓰는 목적이라면 돈을 벌고 난 후에는 책을 쓰지 않아도 된다. 하지만 책 쓰는 것 자체가 목적이라면? 그러면 그런 것과 상관없이 그냥 계속 책을 쓰면 된다. 투자도 마찬가지다. 투자가로 사는 것 자체가 목적이라면 투자가로서 성공했는지, 충분한 돈을 벌었는지에 상관없이 계속 투자를 하면 된다. 그러니 나는 남은 평생도 투자를 하게 될 것이다.

지금의 내 투자법이 정답이라고 생각하지는 않는다. 투자에 대한 내 생각이 진리라고도 생각하지 않는다. 더 나은 방법이 있고, 더 안전하게 수익을 내는 방법이 있을 것이다. 투자금이 많아질수록, 접근할 수 있는 투자 대상도 많아진다. 그동안 몰랐던 투자 분야가 새롭게 튀어나오곤 한다.

나의 투자관은 앞으로 얼마든지 계속 변할 것이다. 워런 버핏도 오랜 투자 경험을 바탕으로 투자 규칙을 정하고 충분히 투자가로서 성공했지만, 찰리 멍거를 만난 후 투자 원칙을 바꿨다. 이전에 '회사 가치에 비해 싼 주식'을 찾았다면, 찰리 멍거의 영향으로 '주가가 싸지 않아도 좋은 회사 주식'으로 투자의 초점이 달라졌다.

이 책에서 쓴 내용은 지금 내가 생각하고 따르는 투자 원칙들이다. 지금까지는 이렇게 투자해왔고, 앞으로도 당분간은 이대로 할 것이다. 하지만 보다 좋은 투자 방식이 나타나면 바뀔 것이다. 나는 지금도 마음에 드는 새로운 투자 방식을 알게 되면 적용해보곤 한다. 이런 탐색의 과정도 계속 이어질 것이다. 그게 투자가로서의 삶의 방식이리라.

책을 마무리하면서 한 가지만 확실히 해두자. 투자에서 중요한 것은 종목이 아니다. 방법이다. 적정한 수익을 내는 자신만의 투자법을 찾아야 한다. 그리고 그것은 계속 찾고 다듬어나가야 한다. 언제까지? 평생토록.

길게 보자. 물론 투자를 몇 년 하다 말 거라면 짧게 봐도 된다. 하지만 평생 투자자로 살아간다면 긴 시각으로 투자를 바라봐야 한다. 그게 성공적인 투자가가 되는 방법이다.

5천만 원으로 시작해

100억

부자가 된 최성락의

투자 이야기

초판 1쇄 발행 2026년 3월 11일

지은이	최성락
펴낸이	최용범
편집기획	양승순
마케팅	강은선
디자인	김규림
관리	이영희
인쇄	㈜다온피앤피

펴낸곳	페이퍼로드 paperroad
출판등록	제2024-000031호(2002년 8월 7일)
주소	서울시 관악구 보라매로5가길 7 1309호
이메일	book@paperroad.net
페이스북	www.facebook.com/paperroadbook
전화	(02)326-0328
팩스	(02)335-0334
ISBN	979-11-92376-67-7 (03320)